Elke Herten

Schlaganfall
Der Wust möchte geordnet sein!

Elke Herten

Schlaganfall

Der Wust möchte geordnet sein!

Rediroma-Verlag

Bibliografische Information der Deutschen Nationalbibliothek:
Die Deutsche Nationalbibliothek verzeichnet diese Publikation in der Deutschen Nationalbibliografie; detaillierte bibliografische Daten sind im Internet über http://portal.dnb.de abrufbar.

ISBN 978-3-96103-916-6

Umschlagillustration:

www.rediroma-verlag.de
19,95 Euro (D)

Schlaganfall

Elke Herten

Eine inspirierende Reise

Innere Ruhe

Muße

Träumen

Geniessen

Pause

Und mein Leben geht weiter!
C'est la vie!

Inhaltsverzeichnis

Autor, Idee und Texte:
Elke Herten

Layout und Druck:
Druck + Design Palm

Oidtweiler, im Oktober 2017

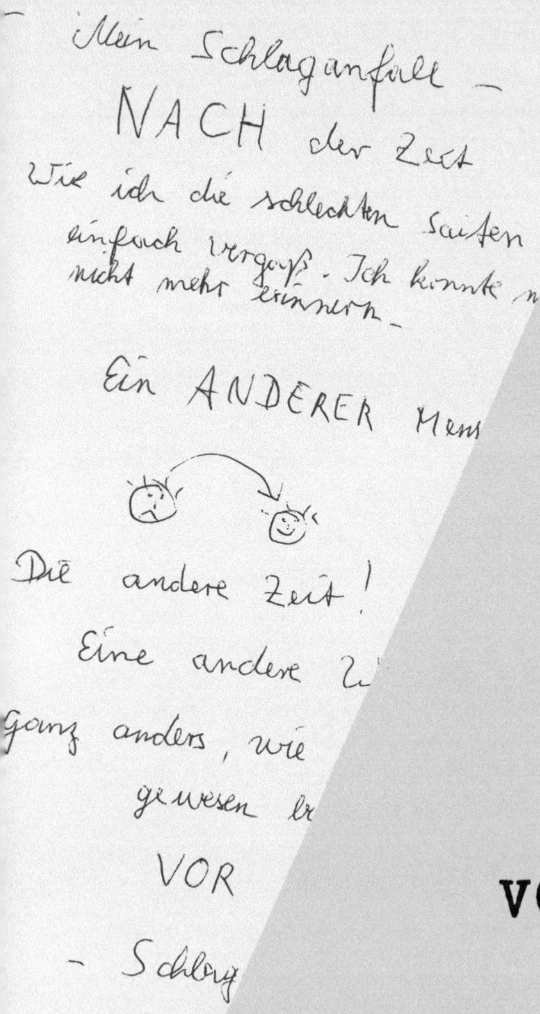

NACH der Zeit

Wie ich die
schlechten Seiten
einfach vergaß.
Ich konnte mich nicht
mehr erinnern!

Ein ANDERER Mensch

Die ANDERE Zeit!

Eine ANDERE Welt!

Ganz anders, war ich,
VOR meinem Schlaganfall

Mein Schlaganfall

Elke Herten

1 9. 1. 2016 Vorher

Hier beginnt mein Buch, mein Schlaganfall!

Vorher war die Welt noch in Ordnung, dachte ich. Ich war sehr angespannt und immer für andere da. Besonders in punkto Familie, war ich die jenige, die das Leben aufrecht erhielt. Und davon abgesehen hat es mich total ausgelaugt, die Hauptver-antwortliche für alles zu sein. Mama tu dees Mama, tu das ...

Hier beginnt mein Buch, mein Schlaganfall

... 5.1.2016

Vorher war die Welt noch in Ordnung, dachte ich. Ich war sehr angepassst und immer für andere da. Besonders in punkto Familie, war ich diejenige, die das Leben „aufrecht erhielt“. Und davon abgesehen hat es mich total ausgelaugt, die Hauptverantwortliche für alles zu sein. Mama tu dies, tu das ...

2

8.1.16 Ein Hamsterrad

Mein Leben vor dem Schlaganfall war
„Sch...", Mein gesamtes Leben in punkto
Familie war ein Hamsterrad.
Es war sehr eintönig und immer der
gleiche Ablauf. Es drehte sich immer
alles um die Kinder und ihn.
... und nie um mich ... also fehlte
ich permanent.
oder um - uns -

EIN HAMSTERRAD ... 8.1.2016

Mein Leben vor dem Schlaganfall war Schei...
Mein gesamtes Leben, auch in punkto Familie war ein Hamsterrad.
Es war sehr eintönig und immer der gleiche Ablauf. Es drehte
sich immer um die Kinder und um ihn - nie um mich - also fehlte ich
permanent.

„Er" und sein Leben ... 15.1.2016

Zwiespalt - meinem Ex-Mann war das egal. Der lebte sein eigenes Leben. Am Anfang war noch alles wie es sein sollte. Aber dann, als die erste Tochter kam, spaltete sich unser Leben. Er ging seinen eigenen Weg, den ich erst später herausfand.

> AM ANFANG WAR ALLES WIE ES SEIN SOLLTE

Blockade zwischen uns... 20.1.2016

Er brauchte das alles nicht - ich meine - Liebe in dem Sinne. Ich versuchte ihn immer einzubeziehen, ins Familienleben. Aber es funktionierte nicht. Da war immer ein Block zwischen uns.

NIE GEREDET

... 20.1.2016

Unser Problem war eben, daß wir nie geredet haben. Die ganze Zeit nicht. Niemals haben wir „Beide" geredet.
Deshalb habe ich auch Schuld an unserem Scheitern. Ich habe Angst gehabt vor der Entscheidung. Ich habe es einfach laufen lassen. Und irgendwie vergingen die Jahre.
Es war so ... immer wenn wir Urlaub hatten, dann standen wir vor der Wahl. Am Anfang nicht so. Da war alles in Ordnung. Okay, aber später dann nicht mehr. Es war dann nur noch Show.
Wir haben uns verloren - nur am Anfang gab es auch eine schöne Zeit. Nur, wie gesagt, am Anfang...

BLOCKADE: FRUEHER

... 24.2.2016

Warum ich immer eine Blockade habe, kommt vielleicht von früher her, wie ich war und lebte.
Damals, ich weiß es noch wie heute, klatschte mein Vater mir dermaßen eine ins Gesicht. Ich glaube als Kind war das die Hölle. Die Blockaden fingen an. Wie konnte das sein?
Und so stockte ich, so ging das immer weiter.
Was ich damit sagen will ist, daß so im Inneren eine Blockade entstanden ist. Immer wenn ich im Zwiespalt bin mit einer anderen Person, dann ziehe ich mich zurück. Ich habe immer nachgegeben und kreiste mich selber ein. Ein Vakuum, ich schloß mich selber ein in meinen Gedanken. Jedesmal, wenn ich dann wechselte in „etwas Neues", dann wurde ich krank (Neues heißt: Einschulung, Schulwechsel und Beruf). Ich bekam Fieber und war eine Woche krank.

NEUES HEISST: EINSCHULUNG, SCHULWECHSEL UND BERUF

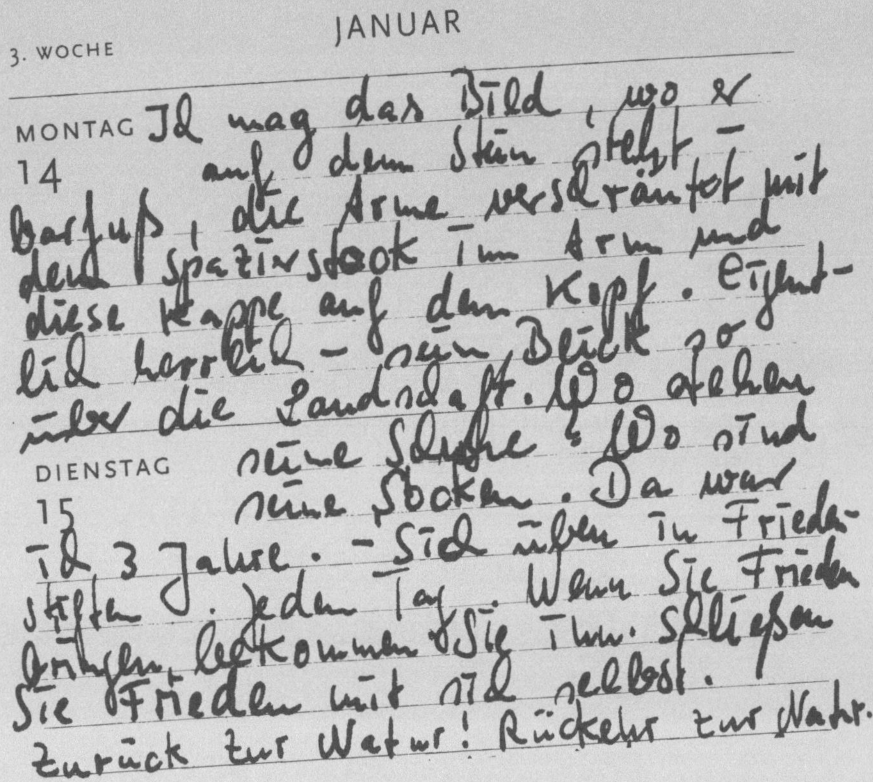

JANUAR

3. WOCHE

MONTAG 14

Ich mag das Bild, wo er auf dem Stein steht – barfuß, die Arme verschränkt mit dem Spazierstock im Arm und diese Kappe auf dem Kopf. Eigentlich herrlich – sein Blick so über die Landschaft. Wo stehen

DIENSTAG 15

seine Schuhe? Wo sind seine Socken. Da war ich 3 Jahre. – Sich üben in Frieden stiften. Jeden Tag. Wenn Sie Frieden bringen, bekommen Sie ihn. Schließen Sie Frieden mit sich selbst. Zurück zur Natur! Rückkehr zur Natur.

Vater und Mutter frueher

... 2.3.2016

In Bezug auf meinen Vater: er hat sich immer bemüht, uns Kinder „an die Hand zu nehmen". Er hat uns mitgenommen in den Garten, damit die Mutter Ruhe hat oder er hat uns mit in den Keller genommen. Da gab es immer was zu tun. Auch für uns Kinder war das besonders schön. Zum Beispiel: ich strich die Wände an.

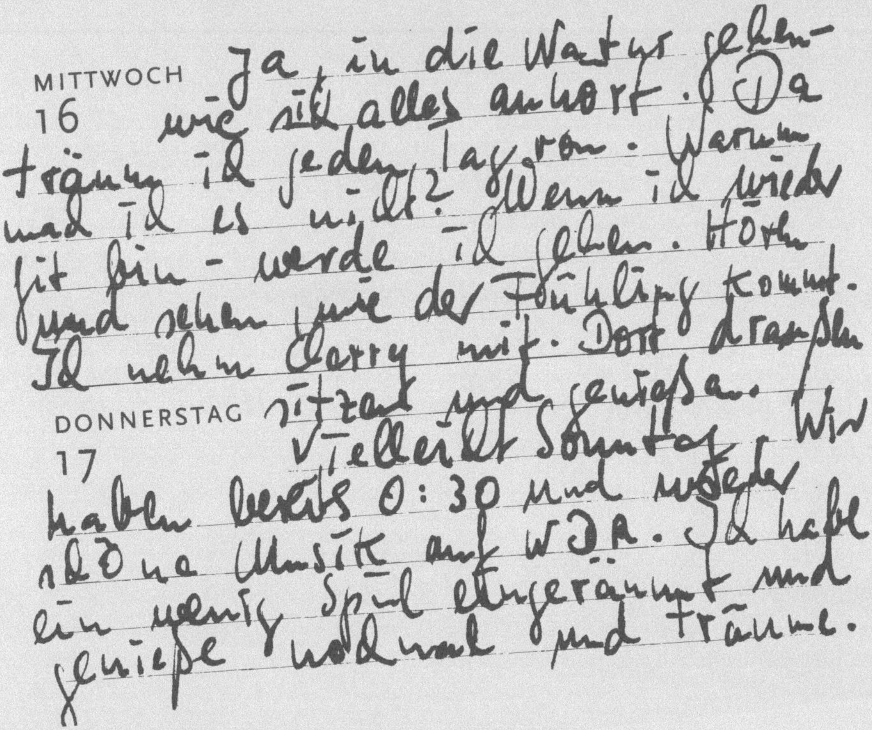

MITTWOCH
16

Ja, in die Natur gehen- wie sich alles anhört. Da träume ich jeden Tag von. Warum mach ich es nicht? Wenn ich wieder fit bin - werde ich gehen. Hören und sehen wie der Frühling kommt. Ich nehm Charry mit. Dort draußen sitzen und genießen.

DONNERSTAG
17

Vielleicht Sonntag. Wir haben bereits 0:30 und wieder schöne Musik auf WDR. Ich habe ein wenig Spiel eingeräumt und genieße noch mal und träume.

DIE KINDHEIT WAR FÜR MICH WUNDERSCHÖN

Die Kindheit war für mich wunderschön. Meine Mutter und mein Vater boten mir ein stabiles Elternhaus bis die beschriebenen „Blockaden" anfingen und mein Vater an einer Krankheit verstarb. Und da fiel meine Kindheit zusammen. Ich war gerade mal 10 Jahre alt.

GRUNDSCHULE OIDTWEILER

... 1970 - 1974

Ich besuchte die Grundschule in Oidtweiler. Wieder war ich eine Woche krank. Das Fräulein Wolters meinte zum Schluß meiner Ära: „Die können sie ruhig auf's Gymnasium tun. Aus der wird mal was".

„AUS DER WIRD MAL WAS"

Mein Vater verstarb und so war das halt, daß meine Mutter dann andere Sorgen hatte. Es war sehr verständlich.
Aber ich, wo blieb ich als Kind?

REALSCHULE IN SETTERICH

1974 - 1980 ... 6.4.2016

In dieser Zeit besuchte ich die Realschule. Wie immer war ich am Anfang eine Woche fieberkrank. Ich entwickelte mich aber recht gut und kam klar. Damals gehörte ich der Clique an, die sich immer in den „Teestuben" traf, sozusagen die „Baesweiler Gang".

... unter anderem auch Bert und Steffi. Damals und heute.

Abschlußfahrt nach Hastings Südengland

Die erste Ausbildung

1980 - 1983 Café Franken, Baesweiler ... 8.4.2016

Meine allererste Ausbildung hatte ich bei Café Franken. Das Café befand sich am Reyplatz in Baesweiler. Meine Mutter fand das damals sehr gut. Sie war froh, daß ich von der Straße war. Sie glaubte, daß ich gut versorgt war.

Ihr zu liebe begann ich die Ausbildung und wurde „destruktiv" schon wieder krank.

FOS fuer Gestaltung

und die Lehre als Bauzeichnerin ... 12.8.2016

Trotz alledem, schloss ich die Ausbildung als Bäckereifachverkäuferin doch ab.

Ich beschloss die Schule zu machen, die ich schon immer machen wollte, FOS für Gestaltung in Aachen.

Nach 2 Jahren hatte ich die Schule geschafft und begann dann meine Lehre als Bauzeichnerin im Tiefbau. Die ging 3 Jahre. Das war 1988.

Besuch der Schule, die ich schon immer machen wollte

ALSDORF / AACHEN GELEBT

... 16.8.2016

EIGENES LEBEN AUFBAUEN

Es ging mir gut. Ich habe zuerst in Alsdorf mit einem Herrn gewohnt und das 7 Jahre lang. Nach der Trennung bin ich nach Aachen gezogen. Ich wollte mein „eigenes Leben" aufbauen und nicht, so gekünzelt sein, wie er es wollte.

DREI JAHRE AACHEN

... 24.8.2016

In Aachen wohnte ich drei Jahre lang. In den 3 Jahren tat sich einiges. Ich ging zu einer Gymnastikschule.
Damals haben wir noch im Landesbetrieb Straßenbau in Aachen in der Karl-Marx-Allee 220 gearbeitet. Somit konnte ich immer mit dem Fahrrad fahren oder mit dem Bus.
Das nahm alles seinen Lauf.

MEINE MAEDCHEN

Mietvertrag vorher - Schlaganfall ... 24.8.2016

Okay ... eigentlich hänge ich jetzt hier. Das ich die Kinder über alles liebe, brauche ich nicht zu erwähnen.
... das mein „Exmann" jetzt nach 1 1/2 Jahren mit einer Anderen zugange ist, ist mir egal. Es ist nicht mehr mein „Ehemann". Wenn ihr versteht, wie ich es meine. Ich habe noch zu meiner ältesten Tochter gesagt: „Ich helfe dir noch dein Zimmer in Bochum einzurichten". So hab ich das auch gemacht.
Aber davor kriselte unsere „Ehe" auch schon lange. Ich wollte immer vorher ausziehen. „Vorher" heißt, ich war mir immer im Klaren, daß das so ein Ende haben muss. Ich hatte sogar in Baesweiler eine Wohnung. Der Mietvertrag mußte nur noch unterschrieben werden.

1964	GEBURT
	* SIMONA 21.02.1994
	* MARINA 10.02.1999
1971 - 74	GRUNDSCHULE
1974 - 80	REALSCHULE
1980 - 83	CAFE FRANKEN
1983 - 85	FOS
1985 - 88	LEHRE BAUZEICHNERIN
1988 - 2013	LANDSCHAFTSVERBAND RHEINLAND AC DANN WUERSELEN
1993	HOCHZEIT
2013	Schlaganfall

Schnelle Hilfe ist überlebenswichtig

270.000 Schlaganfälle jährlich in Deutschland

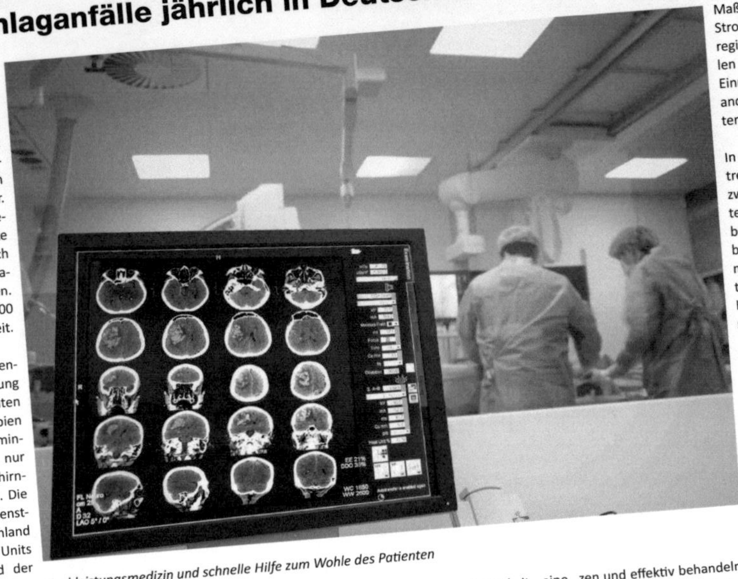

Hochleistungsmedizin und schnelle Hilfe zum Wohle des Patienten

Region. In Deutschland erleiden jedes Jahr 270.000 Menschen einen Schlaganfall. Lähmungen und Sprachstörungen sind oft die Folgen. Ja sogar Depressionen und Sehstörungen kommen immer wieder vor. Auch in unserer Region bieten die Kliniken sogenannte «Stroke Units» die sich speziell auf Schlaganfall-Patienten spezialisiert haben. Insgesamt gibt es über 300 Krankenhäuser bundesweit.

So ist eine nahezu flächendeckende Erstversorgung der Schlaganfall-Patienten gewährleistet. Therapien müssen sofort oder zumindest zeitnah einsetzen, nur so sind bleibende Gehirnschäden zu verhindern. Die unabhängige Prüfdienststelle des TÜV Rheinland zertifiziert die Stroke Units nach einem Standard der Deutschen Schlaganfallgesellschaft und der Stiftung Deutsche Schlaganfall-Hilfe. Regelmäßige Aktualisierungen werden immer durchgeführt. Ein genauer dokumentierter Behandlungsablauf und die Verfügbarkeit von Fachärzten ist dabei unerlässlich. Überwachungsplätze und modernste Geräteausstattung sowie speziell geschultes Pflegepersonal gehören ebenfalls zu den grundlegenden Voraussetzungen. Hier spielt natürlich auch die permanente Verfügbarkeit eine große Rolle.

Diese Spezialabteilungen können die Schwere der Erkrankung korrekt einschätzen und effektiv behandeln. Großer Wert wird auf den interdisziplinären Teamansatz und den frühzeitigen Beginn therapeutischer

Maßnahmen g
Stroke Units wi
regionalen, i
len und telem
Einrichtungen
anderen Komp
terschieden.

In den überre
tren müssen
zwei Neuroint
ten die soger
boektomie
bei der ein
mit Hilfe eir
ters aus der
Hirnschlagac
schonend er

Die Stroke
Deutschlan
als führenc
agnose ur
Behandlun
anfallpatie
Mittlerwei
Emiraten
Dhabi e
zentren a
nach de
Diese sin
land un
Schlaga
inzwisch
den.

- PAFF - DAS WAR'S ... 5.10.2013

Alles aus ... am 5.10.2013 wisst ihr was das heißt???
Ich lag 4 Stunden da ... keiner war dort. Doch Cherry, unser Hund, die tobte weiter oben im „Ehezimmer". Bitte fragt mich jetzt nicht, wie ich das alles empfunden habe. Im Grunde kam es mir vor, als ob ich stundenlang geschlafen hätte.
Bis auf einmal die jüngste Tochter googelt: „Papa, die hat einen Schlaganfall".

Der 5.10.2013, wie ich diesen Tag hasse! Oder auch nicht??? Ich glaube, daß ist der Tag, an dem sich mein ganzes Leben änderte. Permanent!!

Liebe Elke,

kurz vor Weihnachten ein Lebenszeichen von uns. Wie wir erfahren haben, bist du Weihnachten zu Hause.

In den beiliegenden kleinen Weihnachtsstiefel haben wir alle unsere guten Wünsche für dich gepackt. Auspacken musst du ihn nun selbst.

Wenn dir wieder ein Erfolg gelungen ist, denk daran, dass dieser Wunsch dazu in unserem Stiefel eingepackt war.

Für dich und deine Familie ein gesegnetes Weihnachtsfest und alles Gute für das Jahr 2014 wünschen dir

deine Kolleginnen

Christiane und Irmgard

Außerdem lassen dich Helmut Greuel und Hans Hayer ganz herzlich grüßen!

Zwei Welten

... 23.9.2016

Es ist jetzt schon 3 Jahre her seitdem ich den „Schlaganfall hatte ... und ich habe soviel dazugelernt.
Ich möchte mich zuerst bei meiner lieben Freundin bedanken, die mich begleitet hat das erste ganze Jahr lang. Die von A - Z an alles gedacht hat. Die ganzen Formalitäten. Ich konnte ja nicht reden. Alles drehte sich um mich. Meine Familie, damals noch mit meinem Mann. Alles drehte sich jetzt auf einmal um mich.
Krankenhaus 2013/2014. Die erste Reha, da weiß ich noch gut, da saß ich im Rollstuhl. Wenn ich daran denke, dann läuft es mir eiskalt den Rücken rauf und runter. Zwei Welten...

Bis hin zum Gluecklichsein

... 11.11.2016

Der 11.11.2016 ist so gesehen der Stichtag zum „Fröhlichsein" in meiner Ära. Das heißt, so schlimm die ersten Erfahrungen auch waren, so konnte ich mich doch zum „Positiven" entwickeln.

Zum Positiven entwickeln

Kurz nach dem Schlaganfall konnte ich nicht reden. Für einen, der das nicht kennt, ist das nicht nachzuvollziehen. Schreiben mit rechts ging ja gar nicht. Ihr glaubt es nicht, was das bedeutet. Alles das mußte ich wieder neu bis ins kleinste Detail für mich erlernen. So auch, daß ich mich halbwegs unterhalten konnte mit der „normalen Welt". Dies ging nur durch unheimlich gute Therapien zu Hause, in der Praxis, die Logopädin und die Reha.

Ich bekam immer wieder die Chance „Neues" in meinem Sinne zu erlernen. Das Roller fahren lernte ich nach der 2. Reha. Das war ein Highlight. Roller fahren, das heißt, mit den Füßen und dann einfach fahren. Okay... jetzt weiß ich nicht weiter... aber das ist auch egal.

Gluecklich sein

Ich bin glücklich so wie alles jetzt ist. Das macht es aus. Ich habe erst jetzt damit begonnen. Das „Glücklichsein" steht mir ins Gesicht geschrieben. Allerdings müsste ich erst meine ganze Energie aufwenden, das auch dementsprechend zu tun. Das heißt, das was negativ ist, gar nicht erst an mich ran zu lassen!

Ich gehoere wieder zu den normalen Leuten

Hier ist es mega laut bei Moss, aber es macht mir nichts mehr aus. Im Gegenteil ... ich gehöre so langsam wieder zu „Denen", dem ganz normalen Volk. So langsam kann ich wieder mit „rechts" schreiben. Ihr könnt euch nicht vorstellen, wie glücklich ich jetzt bin.

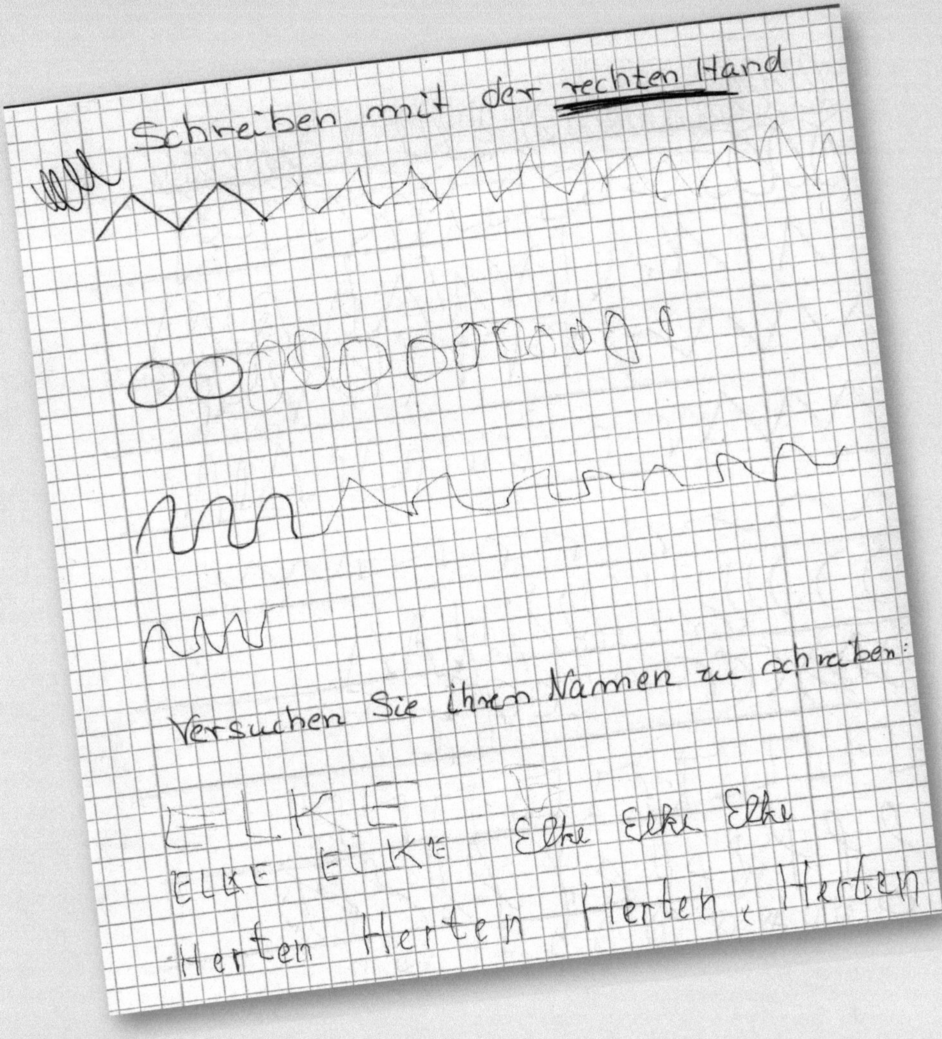

MIT RECHTS SCHREIBEN ... 25.11.2016

Das alles jetzt so selbstverständlich ist wie es scheint - ist es nicht. Ich kann wieder mit „rechts" schreiben. Das heißt, ich mußte echt viel, viel Geduld haben. Jedes Wort, jede Silbe hinschreiben. Immer etwas von dem ganz „Großen." Das heißt, immer ein bißchen mehr.

Und so lernte ich auch das Lesen. Immer von einem kleinen Gedicht oder einem Bild, bis hin zu langen Geschichten, die dann aber auch aus sind, nach 4 Seiten.

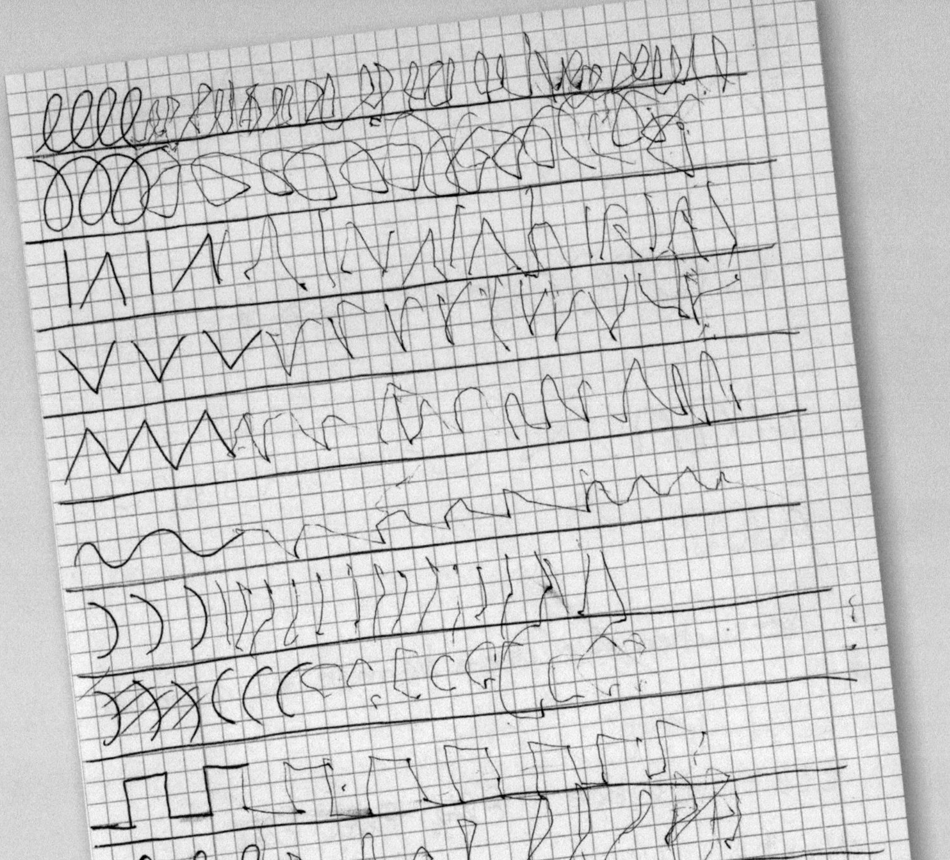
Mit RECHTS, sehr fraglich!
Mit RECHTS!

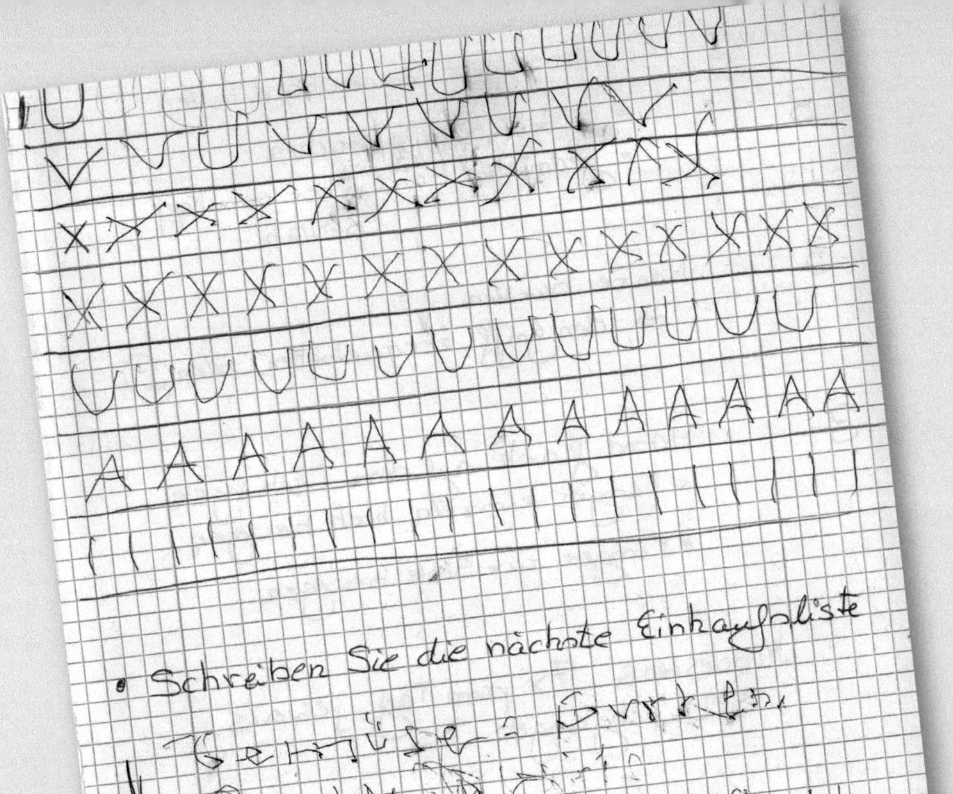

U U U U U U U U U U
V V U V V V V V V V V
X X X X X X X X X X
X X X X X X X X X X X X X X
U U U U U U U U U U U U U
A A A A A A A A A A A A A A
I I I I I I I I I I I I I I I I I I I I
• Schreiben Sie die nächste Einkaufsliste
Gemüse : Gurken,
Tomaten grünes Laufbrett
liebe Beate Müller, in Nordt-
rein Westfalischen, die Bahnreisen=
den, die T T T T T T T T T T
D D D Dora Dora Dora Dora D D
H H H H H Peter, Peter, Peter,

Getan? Ei ganz fest in der Hand halten
- 5 Sekunden zu drücken
- gedrückte Hand über dem Kopf seitlich

3

3 Haare bürsten
→ den Griff zerquetschen wollen ☺

3 Hand flach auf den Tisch legen
- Finger einzeln hoch bewegen
- Finger zur Seite bewegen

Mindestens 7x pro Tag jeweils 3 Durchgänge

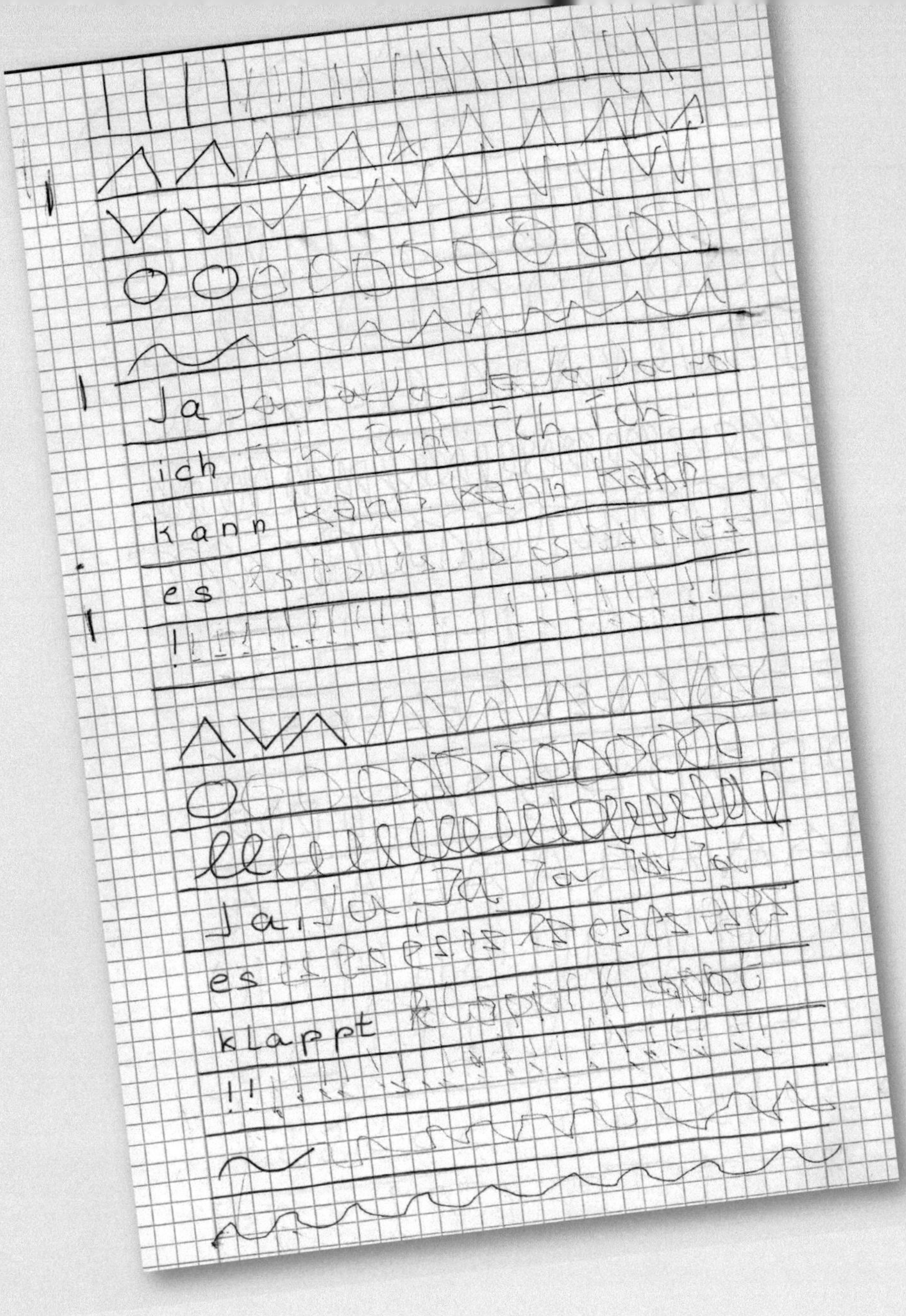
Ja
ich
kann
es
!!
Ja
es
klappt
!!

STIMME

... 30.11.2016

Meine Stimme hat sich verändert in den 3 Jahren. Also, zuerst war da gar nichts. Ich konnte nicht reden. Nach dem Schlaganfall war die Stimme ganz tief. Der Klang war ein anderer.

Mittlerweile ist der Klang wieder halbwegs mein eigener. Aber meine Stimme ist immer abhängig von der eigenen Verfassung. Wenn ich zum Beispiel in ein Loch falle oder in einer stressigen Situation bin, dann kommt gar nichts mehr raus.

MEINE STIMME HAT SICH VERAENDERT

Wenn ich aber gut drauf bin, daß heißt, wenn ich Sachen mache, die mir gut tun oder wenn ich glücklich bin, dann ist meine Stimme fast normal.

SCHREIBEN

... 11.1.2017

Ungefähr vor 1 Jahr habe ich noch behauptet, daß ich nicht mehr schreiben kann. Das stimmt ja alles nicht. Ich kann noch schreiben und zwar mega gut. Mein Text von damals, Honfleur, in Frankreich, hat mich inspiriert, daß ich immer noch schreiben möchte und das ich es noch **KANN**.

ICH KANN NOCH SCHREIBEN

30. August 2016

30. August 2016

LEBENSGEMEINSCHAFT
GEMEINSAM (ER)LEB

APHASIE - 3. REHA

... 5.10.2013

Bei der 3. Reha hat man mir empfohlen Maßnahmen zu ergreifen, die mir Spaß machen, damit es mir psychisch immer besser geht.

In den 6 Wochen Reha ergab sich folgende Idee: Singen bei den Aphasikern inklusive CD brennen. Wir alle, die einen Schlaganfall hatten, und zwar mit einer Aphasie.
Aphasie bedeutet eine Sprachstörung, die bei jedem anders ist und die man mit Hilfe der Logopädie therapieren kann.

30. August 2016

Aphasien sind Sprachstörungen, die durch eine Beeinträchtigung der Sprachproduktion und des Sprachverständnises im Zentralnervensystem entstehen.

Sie können mit unterschiedlichem Schweregrad ein oder mehrere der folgenden Bereiche betreffen:
die Sprachgestalt, die Wortbedeutung, den Wortschatz, die Satzbildung und die Sprachlaute.

Jeder der Teilnehmer in meiner Gruppe hatte etwas Betreffendes. Zum Beispiel war da ein junger Mann, der konnte jetzt gar nicht reden, aber singen. Jeder der Betroffenden in der Gruppe, der den Text noch nicht ausprobiert hatte, übte dieses Lied. Bis es nachher richtig klang.

30. August 2016

Wir haben es wirklich geschafft eine ordentliche CD herzustellen in 3 Tagen. Dies war im Sommer 2016, (mußte ich nachlesen). Soweit sind wir noch nicht mit der Arbeit in meiner Erinnerung. In Wiesbaden am 26. bis 28. August 2016.

Titel auf der CD:

- Wahre Freundschaft
- Beim Kronenwirt
- Jetzt trink ma noch a Flaschl Wein
- Heute an Bord
- Geh aus mein Herz und suche Freud
- Que sera

- Liebeskummer lohnt sich nicht my Darling
- Viva la Musica
- Michael row the boat
- Lustig ist das Zigeunerleben
- O wie wohl ist mir am Abend
- Mexiko River
- Guter Mond du gehst so stille
- Die Blümelein, sie schlafen

SINGEN IST EIN HIGHLIGHT FUER MICH

Die Leiterin der Aphasiegruppe in der Westerwaldklinik meinte dann:„es wären zwei Fliegen mit einer Klappe geschlagen."

Erstens: So konnte ich den kompletten Weg von Oidtweiler nach Wiesbaden alleine managen.

Zweitens: Das war eine ganz neue Gruppe für mich.

Im Nachhinein mußte man mich wieder ein bißchen hineindrücken (ich finde das richtige Wort nicht) oder besser ausgedrückt „besser hineinfinden".

Aber es hat nachher sehr viel Spaß gemacht ... und **SINGEN** ist und bleibt ja immer ein Highlight für mich.

IN DER KIRCHE

... 25.1.2017

ALLE HOERTEN MIR ZU

Des weiteren hatte ich mir als Ziel gesetzt, in der Baesweiler Kirche im Schlußteil der Messe einen Text vorzulesen.

Der Pastor bereitete die Leute mit einem kurzen Satz vor: „Die Elke Herten möchte einen kleinen Text vorlesen."

Es war ganz ruhig in der Kirche. Sie gehörte **„mir"** ganz allein.
Man hörte mir endlich zu. Ich weiß auch nicht wie ich dazu kam.
Sie hörten mir **„alle"** zu und applaudierten.
Das war für mich wieder ein Highlight. Ich war glücklich.
Glücklich wie nie zuvor.

TEXT IN DER KIRCHE

... 7.2.2017

WERDE DER DU SEIN WILLST!

Werde der DU sein willst!
„Wenn du wirklich leben willst, dann triff eine neue Entscheidung. Entscheide dich für ein grundlegenedes „Ja" zu diesem deinem Leben.

Heute bin ich bereit, meine ganze Verantwortung zu übernehmen für alle Entscheidungen, alle Urteile, die ich fällte, mir selbst und dem Leben gegenüber. Ich würdige und respektiere diese Entscheidungen und alle Erfahrungen, die ich hier durchgemacht habe und heute entscheide ich mich neu: Ich entscheide mich heute für ein kraftvolles **„JA"**.

Für ein **„Ja"** zu mir selbst und zu diesem meinem Körper, für ein klares **„Ja"** zu mir als Frau, für ein kraftvolles **„Ja"** zu diesem meinem Leben hier auf dieser Erde. Ja, ich will leben und ich öffne mein Herz für die Liebe zu mir selbst und die Liebe zum Leben. So sei es und so ist es!

JA, ICH WILL LEBEN

... und so still war es lange nicht mehr in der Kirche ... und sie haben applaudiert, das heißt, sie haben mir zugehört ... einfach zugehört ... Das war ein sehr schönes Erlebnis!

WYK AUF FOEHR

... 21.2.2017

Ein weiteres Highlight war, das ich „allein" auf Föhr Urlaub gemacht habe. Ich habe wohl in meiner letzten Reha, es war die Dritte, mir zum Ziel gesetzt, daß ich im Oktober 2016 mutterseelenallein fahren werde. Es war so toll.
Auf der Hinfahrt ja schon. Ich bin mit dem Zug gefahren. Allein wie sich das Personal bemüht hat, mich nur ja in den richtigen Zug, in das korrekte Abteil zu setzen. Das war genial. Allein, und ich hatte zum 1. Mal keine Angst. Es war super. Bis Hamburg und noch weiter nördlich. Ich weiß aber nicht mehr wie der Ort hieß, wo ich ausgestiegen bin. Ich mußte noch 1 - 2 Stunden mit dem Schiff fahren bis ich am Zielort Wyk auf Föhr ankam.

URLAUB ALLEIN GEMACHT

Ich hatte das Glück, daß ich auf der Hinfahrt eine Frau kennenlernte, die auch nach Wyk fuhr. So schloß ich mich an. Es klappte gut und irgendwie bin ich in Wyk gelandet. Sie hatte ein Taxi bestellt. Ich kam dort an. Es war unfaßbar. Ich kam wirklich dort nach 12 Stunden an.

REHA BERNKASTEL-KUES

... 3.4.2017

So, jetzt ist wieder viel Zeit vergangen. Ich bin in der Rehaklinik Bernkastel-Kues für Orthopädie. Ich habe mir die linke Hüfte operieren lassen. Zuerst dachte ich es wäre eine total veralterte Klinik. Mit der Zeit hat sich herausgestellt, daß das Personal und auch die Angestellten (jetzt weiß ich nicht wie man sie nennt) sehr qualifiziert sind. Sie wissen sofort was Sache ist.

NEUES ENTDECKEN IN DER REHA

Ich sitze hier auf einer Bank und beobachte das Treiben. Im Prinzip ist dort ein Friseur, bei dem ich mir die Haare schon machen ließ. Eine Geschenkboutique, in der ich schon König bin. Ich habe ein bißchen gekauft. Aber ich gehe immer hin um etwas Neues zu entdecken. Gegenüber sind ein paar Tische und Stühle, die immer gerappelt voll sind.

»Bei dem Krankengymnasten, bei dem ich zu Hause trainiere, hatte ich mir einen Termin gemacht, um das Ganze zu vervollständigen. Ich dachte, erst feierst du mit Marina, der jüngsten Tochter, den 18. Geburtstag zu Hause und dann geht es los mit der OP«.

OP - NEUE HUEFTE

... 15.5.2017

Am 16.3.2017 war die OP. Ich weiß gar nicht mehr so richtig, wie es war. Mein Gedächtnis wieder. Immer, wenn ich zum Beispiel was genaues beschreiben will, dann fällt es mir nicht direkt ein. Auf jeden Fall meinte Simona dann, daß Mama 10 Minuten „weg war".

„Weg war", davor hatte ich immer Angst.
Aber man wird ja auch hoffentlich wieder wach.

10 MINUTEN WEG!

Dann wurde ich auch „wieder wach".

Die neue Hüfte war eingesetzt. Der Doktor, der Jüngste, meinte, daß es eine Risiko-OP war. Das Franziskus-Hospital: Nie werde ich das je vergessen. Aber so Kleinigkeiten werde ich wieder vergessen (Aphasie). Das ist eben so. Sie waren alle sehr nett und ich habe mich auch gebührend bedankt. Die Ärzte und Pfleger ...

Ich muß jetzt einen Plan aufstellen - das ich wieder da bin im Leben.

Wißt ihr was ich meine?
Ich möchte das ich am Leben teil habe. Ich habe eine Depri-Phase.

Im Krankenhaus haben mich sehr viele liebe Freundinnen, meine Mutter, meine beiden Töchter mit Anhang und meine Schwester besucht.

„Er" hat mich zweimal besucht. Super nett.

KINDERGARTEN VORLESEN

... 17.5.2017

Einen Plan zum Teilhaben am Leben, aber auch meine Sehnsucht zu überbrücken, zu diesem Plan gehörte zum Beispiel, daß ich meine Lesefähigkeiten nutze und im Kindergarten und den Kindern vorlas.
Die Idee kam mir beim Walken und so habe ich alles in die Wege geleitet. Das Walken gelingt jetzt immer besser und weiter denn je.

LESEN FUER DIE KLEINEN

Gelesen habe ich schon 4 mal. Es geht echt gut. Die Kinder, 10 - 12 Stück, sitzen zuerst alle in einer Kuschelecke. Aber dann, wenn ich etwas vorgelesen habe, rücken sie immer näher. Das ist unglaublich. Wie sie zuhören und dann mußte ich jedesmal die Bilder vorzeigen. Wirklich, sie haben die Geschichte jedesmal verstanden. Und ich konnte für mich dann auch sagen, daß hast du für dich gut gemacht. Du kannst lesen für die Kleinen und sie haben es verstanden.
Wow ...

Der Zwischenfall

Bei Moss in Setterich ... 18.5.2017

In der Bäckerei Moss in Setterich hatte ich eine gute Gesprächsrunde. Ich saß am Ende des letzten Tisches, weil die anderen Tische schon besetzt waren. Also mußte ich hier Platz nehmen.

Gute Gespraeche

Ich hörte im Prinzip mit einem Ohr zu, wie sich die Leute neben mir unterhielten. Sie haben Dinge erzählt, wie z.B.: Das kann man so machen, das kann man dann auch wieder so machen.
Da dachte ich, daß man das nicht so einfach stehen lassen kann. Ich sagte und entschuldigte mich für den Zwischenfall: Das es immer noch Menschen gibt, die das alles auch einmal konnten. Die Leute hörten mir geduldig zu. Sie konnten sich in die Situation hinein versetzen. Da ist ein Schlußstrich zu machen.

Ein ganz, ganz langer Schlußstrich war der Schlaganfall. Es war nie mehr so, wie es gewesen ist.

Ich habe mich intensiv mit dieser Gruppe unterhalten. Die junge Frau bemühte sich sehr mein Anliegen, ich sprach ja „anders", unter Kontrolle zu bekommen. Es hat geklappt. Ich habe zu verstehen gegeben, daß alles auch mal „aus" sein kann im Leben. Sie bedankte sich für das Gespräch und fand es interessant, wie ich mit meiner neuen Situtation klar komme.

„Schönes Wochenende", hörte ich von den anderen Tischen.

Meine Aphasie sagt mir, daß das alles nicht selbstverständlich ist. Und wie gerne wünsche ich mir in dem Moment „er" würde mich jetzt in den Arm nehmen.

KORNELIMUENSTER

... 31.5.2017

Christi Himmelfahrt bin ich nach Kornelimünster gefahren. Warum brauche ich nicht zu erzählen. Er fährt immer dort hin, um seinen Freund zu sehen.

Ich war auf dem großen Judenfriedhof, der oberhalb des Ortes liegt. Dort schaut man auf das idyllische Dorf Kornelimünster herab. Gleichzeitig war es gut zum Laufen. Ich setzte mich aber auf der Höhe hin und aß einen Apfel und beobachtete die Runde. Eine Frau, die ihren Hund dabei hatte, unterhielt sich etwas mit mir.

IMMER UNTER LEUTE GEHEN

Und wieder unten angelangt, mußte ich unbedingt das Kunstmuseum besuchen. Es war so toll. Kunst NRW von Kornelimünster. Es war so toll. Um 12.00 bis 14.00 Uhr bin ich wieder losgefahren. So war ich immer unter Leuten. Ich liebe sie. Speziell die Kleinen unter Ihnen. Sie sind so aufmerksam.

Da setzt doch glatt die Bedienung mir ein Stück Erdbeertorte mitten auf das „Schreiben" .... und da war ich baff.
Da meinte sie: „Das geht auf's Haus, der Kuchen ist vom Vortag".

Die Logopädin Inés und ich müssen lachen...
... und bei dem Wetter brauchte man sich gar nicht zu bewegen.
Der Schweiß lief rauf und runter ...

Es geht mir nicht gut

… 9.6.2017

Heute fühle ich mich mies. Alles paßt irgendwie nicht zusammen.

Das Wetter ist schlecht. Vom Arzt her habe ich stärkeres homöopathisches Mittel bekommen. Das soll neuen „Schwung" geben, denn momentan ist alles schlecht.

FUEHLE MICH MIES

Meine jüngste Tochter möchte zum Beispiel ausziehen und will das nicht so machen, wie es in meinem Sinne ist und wie ich es will. Wir haben oft Streit. Außerdem meldet sich eine liebe Person nicht, von der ich gerne hören würde.

Das alles zieht micht runter, „obwohl ich lieber eine Blase" um mich herum gemacht hätte.

Leider bin ich noch nicht so weit und nehme mir alles sehr zu Herzen. Eine Ungewißheit ist auch da.

Friede - aber getrennt

… 14.6.2017

Ich weiß nicht, wie ich jetzt wieder anfangen soll, aber eins steht fest: Mein Ex und ich verstehen uns so gut, wie lange nicht mehr.

Ich möchte die Vergangenheit ruhen lassen. Es ist so, als ob ein Knoten zwischen uns gelöst wurde - Frieden kommt auf. Das beruht auf Gegenseitigkeit. Wir können jetzt in Ruhe sitzen und einen Kaffee trinken, ohne das wir uns anschreien.

RENTE

... 19.6.2017

Am 1.6.2017 war mein Abschied vom LVR Landschaftsverband Rheinland.

Das war's dann. Es traf mich zuerst wie ein Schlag. Das können sie doch nicht machen. Die Nachricht kam im Februar.

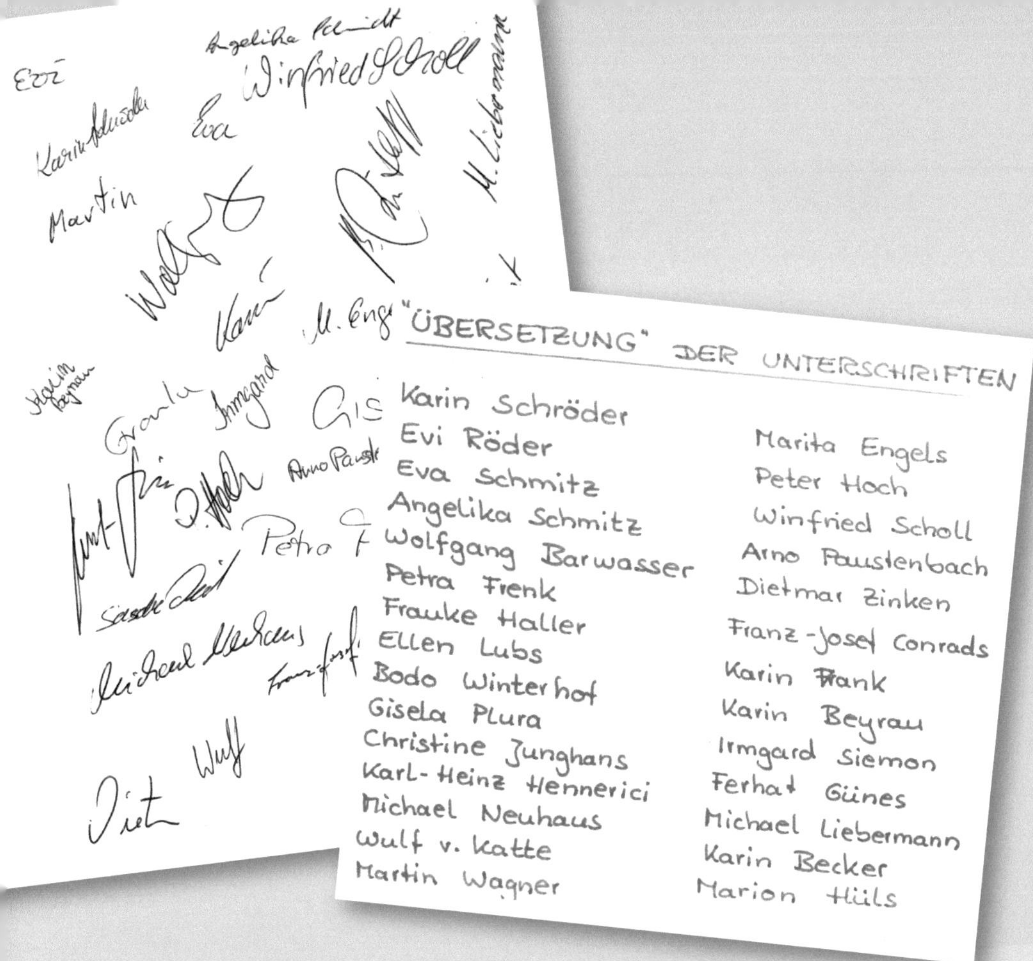

"ÜBERSETZUNG" DER UNTERSCHRIFTEN

Karin Schröder
Evi Röder
Eva Schmitz
Angelika Schmitz
Wolfgang Barwasser
Petra Frenk
Frauke Haller
Ellen Lubs
Bodo Winterhof
Gisela Plura
Christine Junghans
Karl-Heinz Hennerici
Michael Neuhaus
Wulf v. Katte
Martin Wagner

Marita Engels
Peter Hoch
Winfried Scholl
Arno Paustenbach
Dietmar Zinken
Franz-Josef Conrads
Karin Frank
Karin Beyrau
Irmgard Siemon
Ferhat Günes
Michael Liebermann
Karin Becker
Marion Hüls

Aber gut, ich brauche noch so viel Zeit für mich selbst. Das ist es ja. Die Zeit ....
Gearbeitet habe ich vom 1.8.1985 an. Ich habe meine Lehre begonnen. 3 Jahre als Bauzeichnerin im Tiefbau. Das war schön. Alles ohne PC und das ging. Ich weiß noch gut, wie es war. Damals hatten wir noch eine Kantine und bei gewissen Veranstaltungen wurde dort gefeiert. Da wurde auch schon mal länger gefeiert. Fünf Stockwerke hoch mit 130 Angestellten. Das waren noch Zeiten.

Praktikum auf dem Bau

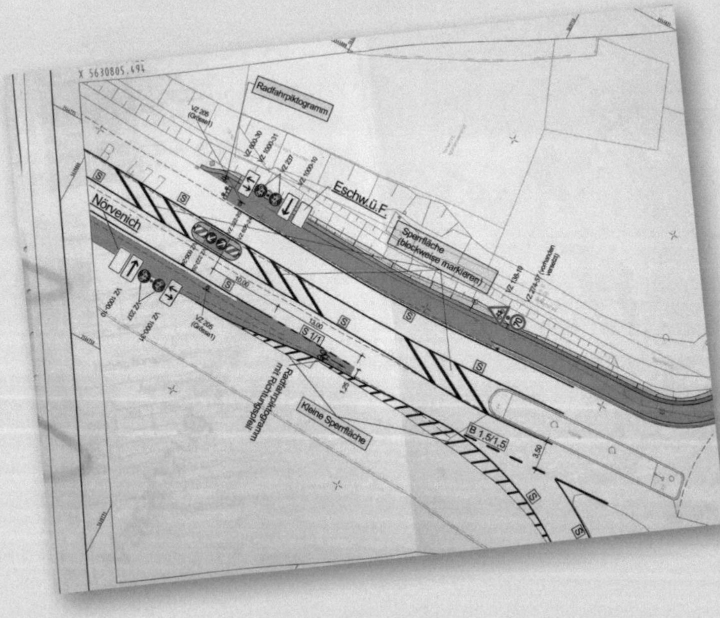

BEISPIELE MEINER ARBEI

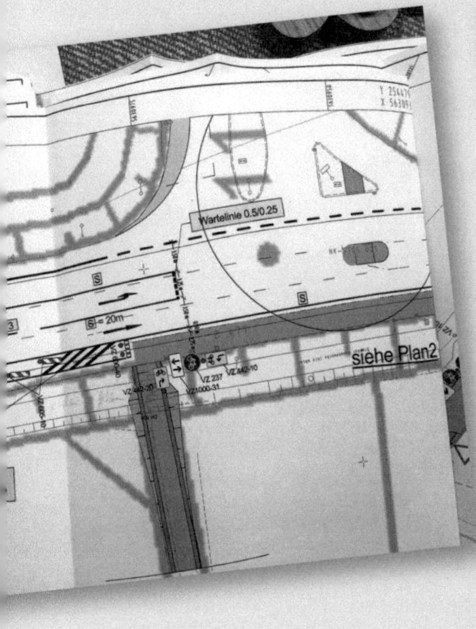

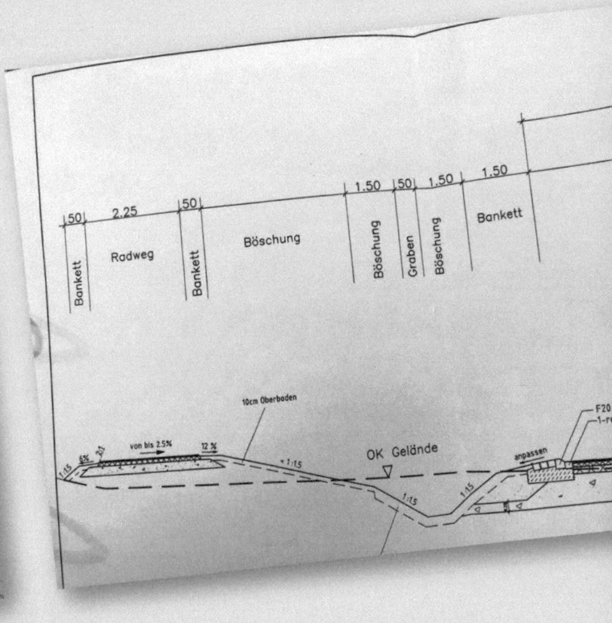

VOR DEM SCHLAGANFALL

Wo das wohl ist?

Schoene Erlebnisse bei der Arbeit

Einmal hat Simona zu Weihnachten auch Querflöte gespielt. Ich könnte jetzt jede Menge schreiben z.B., daß Armin bei einer Feier im Papierkorb gelandet ist. Er ist schon lange tot.

Es gab immer wieder gute Zeiten mit Herrn Freudenberg, der auch schon lange tot ist. Man könnte über seine Segeltörns berichten.

Es wurde aber auch immer wieder gearbeitet. Das ist es ja. Die Arbeit haben wir dann immer als erstes erledigt oder wir mußten „so lange in einer Reihe laufen" bis ein Exemplar an Plänen zusammen war. Mit anderen Worten, ein Satz von einer Maßnahme war fertig, wenn alle Pläne beieinander waren. Das war ein Wust an Papier.

Die Ereignisse

... 30.06.2017

Im Moment fällt mir das Schreiben so schwer. Im Grunde könnte ich jetzt wieder loslegen, mit dem was so alles passiert ist.
Zum Beispiel: eine liebe Person hatte Geburtstag, die Kirmes, das Spinat-Dilemma und Foehr in diesem Jahr.

Das aber auch meine beiden Mädels gucken, daß sie ihren eigenen Weg gehen.

Okay! „Schreib-Dilemma".

SCHREIB-DILEMMA

Ich würde so gerne „schreiben", aber ich kann es nicht.

Es ist viel zuviel. Ich finde keinen Anfang und kein Ende.

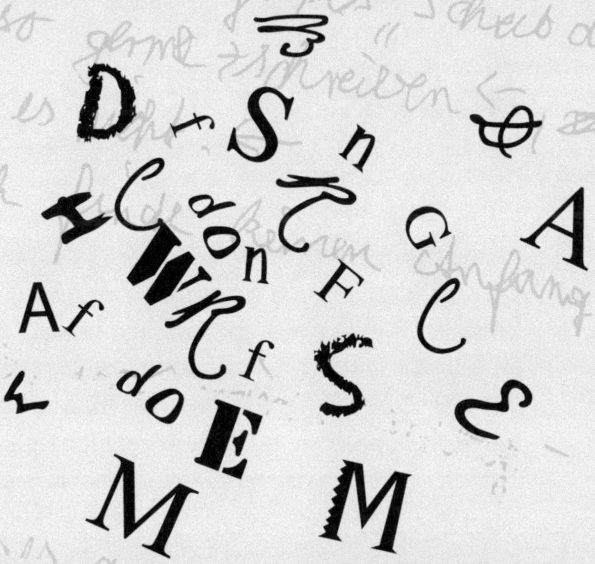

NEUER CHOR WUERSELEN

... 12.7.2017

Heute lebe ich sehr aufmerksam in den Tag hinein. Meine größte Freude ist der Würselener Chor. Vor dem Schlaganfall war der Chor auch schon für mich da, aber in meinen Augen längst noch nicht so liebevoll. Die Leute haben mich alle sehr bedauert, aber ich sah das im Grunde anders. Es war eben so. Ich konnte ja nicht anders. Und mit der Zeit lernte ich, daß das Singen für mich oberste Priorität hat. Ich konnte ja noch nicht so richtig stehen und bei der aller ersten Aufführung, das weiß ich noch, sie haben immer geschaut das ich immer mit kam. Sie haben sich wirklich rührend um mich bemüht.

Dank, dem lieben Fahrer,der mich immer mitnimmt, wenn wir Probe haben. Da gab es eine CD, die wir aufgenommen haben, wo ich dann auch wieder mitgenommen wurde. Ist schon absolut ein „Muß" immer noch besser singen zu können, wie vor einem Jahr. Mit meiner neuen Hüfte kann ich wie gehabt ja auch besser laufen. Nichts tut mehr weh. Ich kann somit auch immer besser stehen. Das heißt: Ich gehöre wieder dazu. Im Grunde ist meine Stimme auch fast wieder perfekt, wie jetzt mein lieber Freund sagt.

SINGEN - EIN ABSOLUTES MUSS

Am 19.11.2017, meinem Namenstag, als hätte es was zu bedeuten, singen wir ein Konzert in der Stadthalle Alsdorf, worauf ich mich sehr freue. Ich danke einfach allen und Christoph, meinem Dirigenten, der es mit mir als Sopranistin versucht. Daß das Singen noch nicht so gut geht, das ist klar. Im vergangenen Jahr ging es noch schlechter. Mit anderen Worten, es singt sich jedes Jahr leichter. Ich liebe den Gesang.

Stretching im Harlekin

Strechting bei Uschi im Harlekin - wie kann ich das vergessen. Es ist eine Herausforderung für mich, das wieder alles so in etwa hinzukriegen. Aber für Uschi ist es ebenso eine Herausforderung, mich immer ein bißchen weiter anzutreiben. Sie stellt jedesmal Hilfen auf, die ich bald nicht mehr benötige. Früher habe ich bei Jazz ganz lange mitgemacht und bei Aufführungen mitgewirkt.

STRETCHING - EINE HERAUSFORDERUNG

Was wir tatsächlich aufgeführt haben? Weiß der Kuckuck ....
Da müßte ich jemanden fragen, der es tatsächlich weiß.

Sommer 2016

LIEBE DAS LEBEN

... 17.7.2017

Dinge, die mich heute so inspirieren sind, das zu tun, worauf ich Lust habe. Wieder am Leben teil zu nehmen. Wieder „da" zu sein. Alles mitzumachen, worauf man auch immer jetzt Lust hat. Sich neu aufzubauen - ganz allein - oder auch nicht ganz allein. Sich immer ein bißchen mehr zuzutrauen.

ICH WILL LEBEN

Ich finde, dieses Ereignis müßte man eigentlich feiern - vom Rollstuhl bis jetzt. Ich kann es wie gesagt noch nicht ganz fassen. Das Leben, vor meinem Schlaganfall - monoton und auch einsam - und jetzt durch den Schlaganfall, was für eine **„Energie„** es in mir auf-

Eine Aufführung im Harlekin

wühlt. Alles das zu tun, was ich so oder so immer schon tun wollte. Der positive Einfluß durch den Schlafanfall. Wie ich anfing das Leben zu mögen. Wie meine innere Kraft anfing zu wachsen und alles beginnt zu **„leben"**, was vorher um mich herum nur „müde" war.

ALLES BEGINNT ZU LEBEN

Versteht ihr mich? Wißt ihr was ich meine?

Der Schlaganfall läßt mich zu einem neuen Menschen werden. Das alte Leben, sei es so. Es war nicht anders. Aber jetzt? Ich liebe das Leben. Geduldig muß ich vor allen Dingen noch sein. Aber das ist das kleinste Problem. Ich will leben und das nicht zu knapp.

Angst

... 18.7.2017

Heute Nachmittag ging es mir gesundheitlich nicht so gut. Schweißausbruch aus heiterem Himmel. Keiner im Haus. Ich hatte auch an der linken Kopfhälfte permanent Kopfschmerzen. Das war ich nicht gewohnt. Ein zweiter Schlaganfall:

12.01.2017

Liebe Elke.

Anlässlich Deines heutigen Geburtstages wünsche ich alles Gute, viel Kraft für Deine nächsten Schritte sowie Gesundheit in Deinem neuen Lebensjahr. – Möge Dich dabei der Engel, siehe Vorderseite, begleiten.

An Dich denkt, diesmal aus Myanmar, Michael,
der Dir und Deiner Familie ein schönes Geburtstagsfest wünscht.

„DEIN ENGEL"
WIRD DICH IMMER BEGLEITEN

Nein, das kann nicht sein. Ich war einfach nur müde. Das ist alle „neu" für mich. Und dann tritt auf einmal wieder die Angst auf, es könnte ein neuer Schlaganfall sein.

Das ist „Dein Engel", hat er geschrieben, der wird dich immer begleiten.

EINFACH NUR „DA" SEIN

ER

... 26.7.2017

Jedesmal wenn er von seiner Tochter erzählt, sie ist erst 16, dann weist er darauf hin: „ Wie kann sie nur!". Dann hält er sich beide Hände rechts und links ins Gesicht und meint nur: „Ich liebe sie doch auch". Das ist sooo süß. Er mag die Kinder, genau so, wie ich sie mag. Kinder sagen die Wahrheit.

Er hat mich zweimal im Franziskushospital in Aachen besucht (meine linke Hüfte). Beim zweiten Mal ging er die Flure mit mir rauf und runter und wir unterhielten uns mit Andrea und Gabi auf dem Flur. Er brachte mir jedesmal eine Kleinigkeit mit. Das macht man so, glaube ich. Er brauchte meines Erachtens doch nur „da" zu sein. Es war phänomenal, wie er mit der Situation umging, mich als Aphasikerin einfach so anzunehmen.

Es war wunderschön. Ich fühle mich wohl bei ihm, ohne das er es merkt - oder wohl? Merkt er es doch irgendwie? Er schreibt nicht gerne, darum ruft er mich lieber an. Oder ist er so?

Wenn ich mit ihm telefoniere, dann dauert es um so länger für mich, ehe ich den richtigen Anfang für mich gefunden habe. Telefonieren fällt mir schwerer als das Schreiben. Aber vielleicht ist das ja auch von ihm gewollt! Vielleicht ist er so. Ich glaube es.

Manchmal ist es so, daß ich in einer Woche vergessen habe was ich gesagt habe, oder eine Woche kommt mir in meinen Augen vor, als wäre es ultralang her. Das ist dann super peinlich für mich. Er nimmt es einfach so gelassen. Er sagt dann, daß wir ein neues Thema nehmen. Er kennt es ja nur, so wie es ist.

Jetzt ist er dienstlich sehr beschäftigt und es sind Ferien. Da bleibt nicht die Zeit um viel zu reden. Das vermisse ich sehr! Vielleicht benötigt er auch viel Zeit, um zu Hause was zu erledigen und dienstlich ebenso.

Ja, er ist sehr sympathisch und sehr attraktiv. Seine Art und Weise, wie er mich mitzieht, aber auch sein Ton, wie er abwartet, bis ich in meiner Aphasie alles bis ins letzte Detail erklärt oder berichtet habe, ist gigantisch. Er wartet ab, bis ich was gesagt habe.

Wow! Ich bin es von damals her ganz anders gewohnt.
Das könnt ihr mir glauben.

ICH FUEHLE MICH
WOHL BEI IHM

Er hoert zu

Wenn ich demnächst zum 15. Jubiläum des Neuen Chores Würselen singe, dann wird er zuhören. Ich habe ihn dahin eingeladen. Ich bin gespannt und muß nur abwarten. Ich bin in der **„neuen Phase"** meines Lebens noch nicht ganz fertig.

Denn Zeit bedeutet für mich, wieder ein Stückchen am Leben teil zu haben. Kleinigkeiten - ein Schub in dem Sinne - ist für mich die Herausforderung wieder ein Stückchen mehr zu haben, von dem Ganzen. Dafür muß ich sehr viel üben. Meine Therapien sind lebenswichtig für mich. Ohne sie wäre alles ziemlich zwecklos. Das richtige Wort fällt mir nicht ein. Es würde sozusagen ganz schnell nach hinten losgehen.

Er ist wie ein Motor fuer mich

Ich glaube, er weiß das alles. Er fördert mich, spornt mich an. Das macht er ganz bewußt. Er ist wie ein Motor für mich. Ich könnte mich so richtig fallen lassen. Wißt ihr wie ich das meine? Das Glück hatte ich noch nie. Das wünsche ich mir sehr. Das ich eigenständig bin und mein Leben jetzt ganz allein managen muß, macht mich sehr stolz. Aber mein Leben wäre jetzt erfüllt, an seiner Seite. Ein Traum würde wahr werden, denn er ist was ganz Besonderes.

Wo ich ihn kennengelernt habe? „Das bleibt unsern kleines Geheimnis."

„Amezza via", so könnte ich von hier aus eine Stufe emporsteigen zu meinem Gesang. Wenn Du mir hilfst, wenn Du es willst ...Mit Dir, mit Dir wird es weitergehen, wenn Du willst, wenn Du kannst, wird es sein in Dir, in mir, stell' Dir das Neue vor, das kommen wird.

Amezza Via - Eros Ramazzotti

Im Radio, WDR 2, höre ich Lieder und am Himmel
sehe ich ein Sommerloch. Hell erleuchtet die Sonne
Sie schiebt die dunkle Wolke einfach weg.

Er heisst ...

... und ich bin einfach nur dankbar.

Ich warte...
Ich könnte mir keinen anderen Menschen vorstellen.

Ein Haus bauen

... 17.08.2017

Bewahre dein pfiffiges Runzeln.
Erhalte deine lässigen Verse.
Alles ist ruhig ...
Die Ruhe gewinnt immer ...
Es ist ein perfektes Alibi.
Da ist kein Zwang zum Analysieren,
selbst durch die lästige Nacht
wird alles richtig sein.
Einfach ruhig.

Aber wir könnten am Bergfuß leben.
Wir könnten uns einen Garten
auf der Rückseite schaffen.
Wir könnten dort bleiben und
niemals wiederkehren.

Lerne aus meinen Fehlern.
Laß übrig, was andere nehmen.
Sprich, wenn du angesprochen wirst
und mach, was andere machen.
Die Stille gewinnt immer ...
Alles ist ruhig.

Wir könnten heute Nacht aufbrechen.
Aber wir könnten am Bergfuß leben.
Wir könnten uns einen weißen
Gartenzaun bauen.
Ein Haus bauen am Bergfuß.
Wir könnten dort bleiben
und sehen, wie es aufhört.
Wir könnten dort bleiben und sehen,
wie es aufhört.

AHA -Foot of the Mountain

2016
Das wünsche ich mir

WUNSCH

.. 21.8.2017

An dem heutigen Tag steht im Kalender:
Das Licht einer neuen Zeit strahlt jetzt in die Herzen der Menschen, um sie zu erwärmen und zu öffnen ...

Alle großen Leute sind einmal Kinder gewesen, aber wenige erinnern sich daran.

„Das Kind hingegen sieht alles im hellsten Licht. Es sieht mit ungetrübtem und sicherem Auge.

aus „Der kleine Prinz" von Karl Rauch

Dieses Buch „Der kleine Prinz" hat er mir geschenkt.

Ich wollte, noch soviel schreiben. Meine Ziele sind, wieder ganz von vorne anzufangen. Aus privaten und wiederum aus gesundheitlichen Gründen. Aber nicht allein. Ich würde es mal so sagen: „Einer kann meine Reise begleiten. ...

Er kann meine Reise begleiten

Das wäre mein größter Wunsch, den ich praktisch noch nie in meinem einzigen Leben hatte.

Danke

... 21.08.2017

Als erstes möchte ich mich bei ihm bedanken. Er ist ungewollt mein Zugpferd. Ich weiß auch nicht, wie das passiert ist. Das beruht auf Gegenseitigkeit.
Dann möchte ich mich bei den Leuten bedanken, die einfach da sind. Die mich halbwegs verstanden haben. Die meinen Schlaganfall als eine inspirierende Reise ansehen, denn, alles kommt ja wieder bei mir!

Danke: Diakonie Aachen, Ela Kahlen und Andrea Lentz. Wenn ich Andrea nicht hätte. Sie fährt mit mir, wenn es „brenzlig" wird. Mit anderen Worten, sie war auch dabei als ich geschieden wurde. Solche Sachen eben. Ihre ganze Art und Weise hat einen positiven Einfluss auf mich.

Danke: Meiner Familie, meinen Kindern, meiner Mutter, meinem Schwiegervater, meinen lieben Freunden (vor allem Bert, Steffi und Heike), dem Krankengymnasten, dem Ergotherapeuten und der Logopädin Inés:
Inés hilft mir meine Sprache wieder völlig hinzubekommen. Sie bringt das Buch „Schlaganfall" auf den richtigen Weg. Sie war am Anfang sogar bei mir zu Hause und hat immer wieder mit mir geübt.

Schweden - mein

MEIN ZWEITES ICH

Sie ist praktisch so wie mein „zweites Ich“. Wenn ihr mich jetzt versteht. Sie ist sozusagen so, wie ich gerne wieder sein möchte ...

... wieder zu 99 Prozent reden. Das ist mein Ziel!

99 PROZENT REDEN
DAS IST MEIN ZIEL!

um - damals und heute

2000 Schweden
Da möchte ich nochmal hin..
...aber „einer" soll mitkommen

INSPIRIERENDE REISE ... 21.08.2017

15 Jahre dauert es mit der Sprache, hat mir die Logopädin während der Reha nach der Hüftoperation gesagt. Aber wenn ich wie gesagt mein Ziel setze, gemeinsam mit einer lieben Person, dann sehe ich das alles viel eher zu mir kommen. Dann hätte alles einen Sinn. Wenn er nicht will, dann hätte ich ein Riesenproblem. Ich freue mich so sehr auf das was kommt. Der Schlaganfall mit seinen guten Seiten.

Ich könnte noch viel mehr schreiben, denn jetzt bin ich an einem Punkt angelangt, wo ich überglücklich bin. Mein Hamsterrad, wie ich es am Anfang beschrieben habe, ist jetzt aufgegangen. Das „Monotone" ist wie gesagt, wieder zum Leben erwacht in mir. Nur gerade jetzt bin ich wieder müde. Meine rechte Hand tut auch weh. Ich kann nicht mehr schreiben, aber ich liebe es wirklich so, wie es gekommen ist. Mein Schlaganfall mit seinen positiven Seiten. Eine inspirierende Reise. Alles wird gut.

SCHLEIFSPUR -
MEINE GANZ BESONDERE

Also bitte! Laßt mir meine **„Schleifspur"** stehen, die ich tagtäglich gehen werde von Montag bis Sonntag. Jeden Tag! Ob Frühling, Sommer, Herbst oder Winter.
Das ist **„meine"**, die ich - gehe - von Oidtweiler bis Baesweiler. **Bitte** ...

Februar 1996
Wunderschön - Natur wie ich sie mag

Schluss

Ich will wieder gehen können - so halbwegs.

Ich will wieder reden können - so halbwegs
und ich will lieben können - **ihn** - richtig,
oder ich hätte ein Problem.

Das wäre jetzt mein größter Wunsch.

Liebe Elke,

im Januar 2013 haben wir uns kennengelernt
- da hatte ich meinen ersten Hausbesuch
bei dir als Logopädin.
Wir beschnupperten uns (besonders auch Cherry,
deine Hündin :-)) und lernten uns kennen.
„Wow, die Frau gibt Gas!", dachte ich von
Anfang an. Du hattest ein strammes Programm
- Physio, + Ergotherapie, Logopädie, diverse
Arztbesuche standen täglich in deinem Kalender.
Doch ich bekam nicht nur rein
„therapeutische Dinge" mit - durch den
Hausbesuch und deine offene und ehrliche
Art war mir schnell klar, dass du dich
in einer sehr aufregenden, spannenden
und schwierigen Zeit befandest.
Du hattest nicht nur den Schlaganfall zu
handeln, sondern auch diverse private Umstände.
In dieser Zeit bist du - und ich übertreibe
nicht - absolut zu einer starken und
inspirierenden Person geworden.
Ich weiß, Komplimente annehmen - das ist nicht
so dein Ding - aber ich kann nicht mehr
zählen wie oft meine Kolleginnen und ich

EIN BRIEF MEINE

gesagt haben: „Vor Elke ziehe ich meinen Hut!" oder „Schau mal, wie cool und schick die Elke heute wieder aussieht!".
Du scheust absolut keine Heraus-forderung: Telefonat, lesen in der Kirche, singen, Urlaub, Tagestouren - alles kein Problem.
Und jetzt ist dein Buch fertig!!!
Mich als Logopädin aber auch Frau macht das unglaublich stolz. Deine Entwicklung konnte ich genau beobachten - deine Schrift, deine Wortwahl, deinen Satzbau, deine Konzentration und dein Durchhaltevermögen haben sich stetig verbessert.
Einfach nur toll!
So, jetzt ist es auch fast geschafft mit dem ganzen Gelobe! 😊 Aber was muss, das muss!
Ich wünsche dir, dass du deine „inspirierende Reise" weiterhin fortsetzt und genauso genial und fabelhaft bleibst.
Es ist toll mit dir zu arbeiten.

Frohes Schaffen
und alles Gute!

Inés

LOGOPAEDIN INÉS

Montag 26.08.13

Alle Träume können wahr werden,
wenn wir den Mut haben,
ihnen zu folgen.
Walt Disney

Der Wind weht sehr,
die Wellen sind laut als
wollten sie mir was sagen.
vielleicht - auf wiedersehen -
oder wir warten auf dich
oder keine Sorge der Sturm
legt sich bald und
dann wird alles
um dich herum
so ruhig.
Die Sonne wärmt nicht mehr so
aber hat mich sehr gestärkt.
Meine Kur ist beendet und ich
fahre ruhig und gelassen nach Hause-

Jetzt geh ich mir noch
Karte kaufen, die
schrieben habe. Diese
ein Lesezeichen für
schöne Wunderbare
Das Abschlussgespräch
war für Marina
Ich habe schon gese
traurig gewesen ist
Veränderung die Ko
sehr weh tut.
gut machen.
Ich liebe das
den Strand -
zum nächsten
Einen letzten Bli
der schillernden S
die Bötchen, d
liegen ... und
essen. Es ist

VOR MEINEN

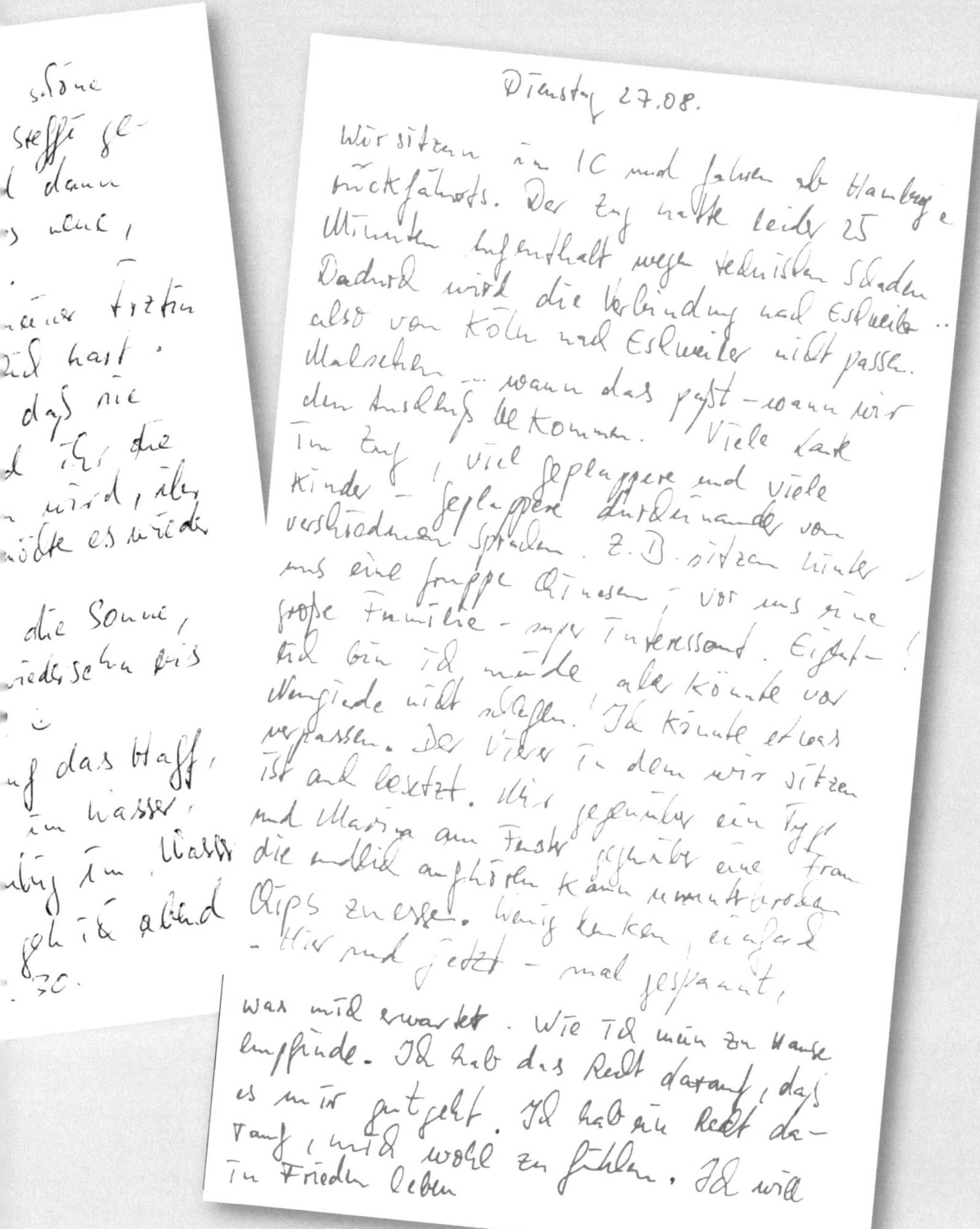
Dienstag 27.08.

Wir sitzen im IC und fahren ab Hamburg zurückfahrts. Der Zug hatte leider 25 Minuten Aufenthalt wegen technischen Schaden. Dadurch wird die Verbindung nach Eschweiler … also von Köln nach Eschweiler nicht passen. Mal sehen … wann das passt – wann wir den Anschluss bekommen. Viele Leute im Zug, viel Geplapper und viele Kinder – Geplapper durcheinander von verschiedenen Sprachen. z.B. sitzen hinter uns eine Gruppe Chinesen, vor uns eine große Familie – super interessant. Eigentlich bin ich müde, aber könnte vor Neugierde nicht schlafen. Ich könnte etwas verpassen. Der Wagen in dem wir sitzen ist auch besetzt. Mir gegenüber ein Typ und Marina am Fenster gegenüber eine Frau die endlich aufhören kann ununterbrochen Chips zu essen. Wenig denken, einfach – Hier und Jetzt – mal gespannt, was mich erwartet. Wie ich mein zu Hause empfinde. Ich hab das Recht darauf, daß es mir gut geht. Ich hab ein Recht darauf, mich wohl zu fühlen. Ich will in Frieden leben

Die Welt ist so überwältig!
Alle haben Laptop
Alle haben Kopfhörer
Alle sind müde
Alles essen
Alle haben Handy

Ist ok
und ich kann stricken!!!
:)

Ich sitze im Zug
mit Marina und
fahren rückwärts.
Der Typ mir gegenüber hat den
Durchblick mit seinem handy
noch nicht. Es gibt auch eine Laut-
stärke und er empfängt Nachrichten
und hört/stellt Musik ein, ohne
auf -Stumm- zu stellen. haha
Dame daneben verdreht die Augen.
Die Stimme der Mutter: „Frollein
hinsetzen!"

Auf der Hinfah
umarmt und gesag
eine schöne Kur.
...und ich we
Auf der Rückfahrt
irgendeine Zweig
rechnet, aber wie er
voll, hab ich mich di
Heute haben wir
Er sagt, er will a
aufgeben und in kleine
mich zurück gewinnen.
Weiß ich nicht, ob
Für ihn gibt es nu
- Trennung oder es
Tja...

Mittwoch 28.08.
wird Marina
"Ich wünsch Dir

stehen gelassen.
er wolle mit
meinerseits ge-
, vorwurfs-
umgedreht.
zugetan
alles nicht
schritten

des Schiffe.
Dinge,

Freitag 30.8.2013

Ich rede auf einmal, aber es
kommt nicht mehr an!

zu spät

er hält den Druck nicht
aus nach 1 1/2 Jahren

haha

1 1/2 Jahren ... keine Entschuldigung, kein Einsehen für die
ganzen Jahre Alleinsein – Danke.

So schnell geht das 20 Jahre ....
das Beste sind meine prächtigen
Kinder ... sehr stolz bin ich auf
die.

Es wird weitergehn. :)
Sie wird sich nicht ihr eigenes
Grab schaufeln! :)

Ich will mein Leben ...

Ich liebe die Welt, die Sonne,
die Erde, die Blumen,
die Vergnügungen, die Jugend,
die Schönheit,
ich habe Durst nach Glück!

– Malwida von Meysenbug

Dienstag 03.09.

Heute ist mein 1. Arbeitstag gewesen
und (nach 5 Wochen Pause; davon
3 Wochen Kur) zum Einstand bei
Michael L. im Zimmer wurde schon
gut gelacht. Ferhat erzählte von
seiner Rückkehr mit dem Bus von
der Türkei 27 Stunden Fahrt. Ha ha ...

Abends bei Steffi:
Ihre 75 m² Wohnfläche total
billig und süß. Da kann man
sich wohlfühlen :) ... und
Ihr "Dicker" paßt zu ihr !!!!
Der ist so lieb ... aber leider etwas
schwierig. Ich wünsche den beiden, daß
sie es schaffen! Es tut gut, wenn
ich abends mal bei denen sein darf
und eine schöne, harmonische Zeit dort
haben darf. Danke Ihr Lieben !!!
:) :) :)

Meine Zeit in der Kur hat mir sehr, sehr gut getan. Ich habe viel Kraft bekommen.

Aha, ... das freut mich !!!!
Super !!!!
[illegible]

Montag 16.09.2013

Ela war abends da! ☺ freu
Bin ich froh, daß ich die
habe ... die hat sich so schnell
weiterentwickelt! Aber das kann
ich auch ☺ ... ich freu mich
drauf!
Aussage von Simona im Auto:
„Mama, wie kannst Du das
zulassen!!" ☹

⇒ Das tut sehr weh und für
mich viel endlich die Entscheidung!

☺ ☺ ☺ ☺

Loftahammar, August 2010

Feststellung: und Ziel:

- Keine Abhängigkeit und gleiches Recht für alle
- Aktiv sein
- Gespräche führen mit dem Partner
- Verstanden werden
- Miteinander
- Zufriedenheit

Warum nicht einfach mal das Weite suchen – um das Glück zu finden

* bis jetzt ist es nicht so, wie es sein soll

- ausgewogene Gleichberechtigung
- ausgewogene Gemeinsamkeiten
- ich finde keinen Falls, daß es so stimmt wie es ist

aber dieses Jahr ist das entscheidende Jahr für absolute Zufriedenheit

- Keine Zeitvergeudung mehr
- ich schuffte nicht mein Leben lang nur um Undankbarkeit zu genießen
- ich habe auch meine Träume und werde nicht zuschauen und abwarten und betteln müssen, um mir nachher wieder sagen lassen zu müssen, was ich wohl für eine Laune habe.

Das Meer ist so wunderschön, die Sonne so wärmend und ich möchte es genießen und nichts tun müssen.

Das Meer ist so wunderschön, die Sonne so wärmend und ich möchte es genießen und nichts tun müssen.

C'EST LA VIE !

Das Meer ist so wunderschön,
die Sonne so wärmend
und ich möchte es genießen
und nichts tun müssen.

An dieser Stelle sage ich noch einmal
herzlichen Dank an alle,
die zum Entstehen dieses Buches
beigetragen haben.

Schlaganfall
Elke Herten
Der
WUST
möchte
GEORDNET
sein!
Mein (Er-)Leben
mit der Aphasie

Mit Witz, Charme
und Muße
zum Nachdenken
anregen!

INHALT

Elke Herten

erzählt mit

Witz, Charme und Humor

aus ihrem täglichen (Er-)Leben

mit der Aphasie.

Autor, Idee und Texte:
Elke Herten

Layout und Druck:
Druck + Design Palm

Oidtweiler, im Oktober 2019

09.07.2018 **VORWORT**

MEINE LIEBE MA

Am Sonntag, dann wechseln wir uns ab mit Kaffeetrinken. Mal kommt sie zu mir und mal gehe ich zu ihr und wenn es die Zeit erlaubt, ist meine älteste Tochter mit dabei oder auch die jüngste Tochter.

Ich akzeptiere sie in ihrer Art. Sie sagt immer wieder, dass Sie 30 Jahre älter ist. Sie ist, wie gesagt, meine Ma und ich mag sie so, wie sie ist ob sie lacht oder weint. Sie ist halt „ANDERSART". (Wenn ihr mich verstanden habt...)

Ich mag besonders an ihr, dass Sie sich nicht unterkriegen lässt!
Dass, was sie macht, reicht doch voll und ganz aus... mit ihren 30 Jahren älter zu sein ... Das liebe ich an ihr...
Sie steht immer wieder auf, im wahrsten Sinne des Wortes!

> Bleibe stets vergnügt und bei guter Laune, dass die Sonne Dir immer strahlt. Schaue nie zurück, sondern immer nach vorne! Die Zeit, die vergangen ist, war Dir schwer genug.
>
> Zurück schauen - nach vorne blicken... Deine Jahre werden auch unsere!
>
> *(Verfasser unbekannt)*

Sie ist meine/unsere Ma! Vielleicht bin ich so, wie sie ist - und ich kann mit ihr immer gut diskutieren. Das alles liebe ich an ihr! Sie sagt immer ihre Meinung.

Ich bin froh und dankbar, dass ich sie habe, in jeder Hinsicht. 😍

Es ist meine/unsere Ma;
Dankeschön, dass es dich gibt!

Ich brauche jetzt nicht aufzuzählen, wo/wann/und wie
Du es geschafft hast, an mich zu glauben.
Meine/unsere Ma!

Dankeschön für alles, liebe Mutter!

Dieses Buch widme ich meiner lieben Ma!

> *Habe Dank für eine Welt von Güte*
> *Habe Dank für deine endlose Geduld*
> *Habe Dank für dein feines Verständnis*
> *Habe Dank für deine besondere Liebe*
>
> *Leonard Nimoy*

Nimm dir jeden Tag die Zeit,
still zu sitzen und
auf die Dinge zu lauschen.
Achte auf die Melodie des Lebens,
welche in dir schwingt.
Gautama Buddha

07.03.2018

Guten Morgen

Guten Morgen liebe Elke
Ist alles in Ordnung mit dir/bist Du bereits unterwegs?
Einen schönen Tag wünscht „ER".

Guten Morgen, lieber M...
Das ist eine wunderschöne Überraschung, das freut mich sehr, dass Du dich meldest. Ich habe Neuigkeiten, die ich dir lieber am Telefon sagen werde. Auch ich mache Fortschritte ?
LG, Elke 😚

Super gute Nachrichten, wenngleich ich den Inhalt noch nicht kenne. Gleich geht es auf Geschäftsreise. Nach Rückkehr melde ich mich, Einverständnis vorausgesetzt. Mach es gut, Elke.

Lieber M...
Du selbstverständlich auch.
Du kannst dich immer melden.
Es grüsst dich und passt auf wo Du auch immer bist?
LG, Elke 😚

ICH DARF NICHT SCHLAFEN, S.J.W.

„Ich darf nicht schlafen." Von S.J.W. Das gilt auch für mich. Wenn ich schlafe, dann ist „ALLES" weg aus meinen Erinnerungen, aus meinem Gedächtnis; zumindest aus meinem Kurzzeitgedächtnis. Dann bin ich froh, dass ich es aufgeschrieben habe. Ich weiß, dass es letztendlich verschwinden wird. Später werde ich mehr schreiben. Falls ich daran denke, (aus dem Buch von S.J. Watson).
Es ist so, ganz wie sie es beschrieben hat in ihrem Buch „Ich darf nicht schlafen!" Alles müsste ich erfragen!

„Man muss nur wollen und daran glauben,
dann wird es gelingen."
Ferdinand Graf von Zeppelin

„Ein Tor ist zugetan, doch tausend andere sind noch offen."
Friedrich Rückert

„Hoffnung ist eine Art von Glück, vielleicht das größte Glück, das diese Welt bereithält."
Samuel Johnson

„Träume dir dein Leben schön und mach aus diesen Träume eine Realität."

Marie Curie

LAUFEN BZW. GEHEN MIT DEN STÖCKEN

... und wieder war ich laufen oder besser gehen mit den Stöcken. Eines werde ich nicht vergessen, zumindest erinnere ich mich daran zurück. Ein Radfahrer, nein zwei Radfahrer, sie meinten dann, als sie mir im Feld begegneten: „Die sieht aus, als ob sie schon einen Marathon gelaufen wäre!" Ja, ja, ich glaube, dass hätte zu lange gedauert, denen beizubringen, dass ich einen Schlaganfall hatte. Dass ich trainieren muss jeden Tag. Und die zwei Radler waren natürlich auch schon über alle Berge.

Als ich nach Hause kam, dachte ich nochmal über die ganze Sache nach. Ich halte dann inne und geniesse alles.

Was war **GESTERN ?** Was habe ich **GESTERN** getan?
Ich muss es immer wieder nachlesen im Planer ... immer wieder!

01.04.2018

LACHEN

Wie oft lachst Du in Deinem Leben?
Wenn es nicht oft vorkommt, dann könnte es sein, dass Du das Leben und Dich viel zu ernst nimmst. Wir selbst machen das Leben zu einer bitterernsten Angelegenheit. Dabei war es als ein aufregendes Schöpferspiel gedacht mit Liebe, Freude und Genuss. Mach mal wieder was Verrücktes und Unvernünftiges.
R.B.

Kurzzeitgedächtnis

Ich sollte mein Kurzzeitgedächtnis herausfiltern oder in mein 2. Buch sozusagen hinein verlagern, damit es präsent ist und bleibt. Damit es nicht in Vergessenheit gerät. Also, nicht dass ihr glaubt, ich wäre von einem anderen Planeten! Nein, es ist nur ... es macht mich mürbe! Da sitzt man da und weiß das Wort nicht! Oder ganze zusammenhängende Texte nicht mehr! Das schlaucht und nervt ungemein! Aber, was will man machen! Es ist halt so. Oder ich könnte sagen: Trotz allem, Dankeschön für alles in der Welt!

Neulich habe ich das schwarze Etui mit meinen komplett wichtigen Papieren verloren einfach so? Personalausweis, EC-Karte, Fahrkarte, etc. Ich hab noch daran gedacht... hoffentlich verlierst du es nicht! Hoffentlich nicht... doch so ist das ... wie immer... wie ich es hier beschreibe.

Kurzzeitgedächtnis ...das Arschloch!

Ich hatte einen völligen Blackout in diesem Falle. Ich wusste nicht mehr, wo ich gewesen bin... was ich dann gemacht habe. Ich konnte nicht mehr sagen, wo es sein könnte. Das alles ist sehr seltsam und ich fühle mich schuldig; und das habe ich meinem Kurzzeitdächtnis zu verdanken. Sabrina, meine Logopädin meinte: „...das Arschloch!" Und wir konnten nicht mehr vor Lachen. Sie meinte natürlich meine Aphasie und das Kurzzeitgedächtnis.

13.11.2018

Ich

Ich hatte vor 5 Jahren einen Schlaganfall mit 49 Jahren, der mich komplett aus dem Leben riss. Die rechte Seite war ganz gelähmt und ich saß im Rollstuhl und meine Sprache war auch weg. Ich dachte mein Leben ist vorbei. Doch ich hatte mich getäuscht, mein Leben fing erst an.

Heute, nach 5 Jahren weiß ich, dass sich mein Leben zum Positiven verändert hat...

Ja, ich habe immer noch Sprachprobleme und das Laufen fällt mir immer noch sehr schwer, aber ich lebe noch, ich kann laufen irgendwie und ich habe viel Spaß. Ich bin glücklich und sehe die Welt nun mit ganz anderen Augen und ganz andere Dinge sind jetzt viel wichtiger. Es ist so, als hätte die Welt in mir 20 Jahre geschlafen und ich habe nur gehorcht in bestimmten Momenten und ich habe das einfach so hingenommen.

Ich bin froh, dass ich da bin wo ich jetzt bin und weiß wo ich hingehöre. Zum Schlaganfall kommen noch die anderen „Wehwehchen" hinzu. Zum Beispiel eine Hüft-Op. Aber mein Leben ist jetzt fast perfekt so.

Ich liebe das Leben so wie es ist und genieße es in vollen Zügen. ☺

10.07.2018

Ein kleiner Ort

Ein kleiner Ort unscheinbar.
Menschen begegnen sich - Junge, Alte.

Dort, wo sie lebte, aufwuchs;
Dort, wo er lebte, aufwuchs;
Sich trafen, fortgingen, lebten;
Sich auseinander lebten.

Ein kleiner Ort

Ein Ort des Geschehens,
Verschleiert von Grauen und Schrecken,
Verfolgt von Hass und Neidern,
Menschen, die sich suchen, gehen.

Ein kleiner Ort

Und doch, die Zeit zeigt es uns,
Wir leben es weiter, erleben.
Wir müssen hart und härter sein,
Du musst stark sein - für immer.

Ein kleiner Ort, unscheinbar
Menschen begegnen sich, Junge, Alte.

(Verfasser unbekannt)

02.08.2018

APHASIE - ICH

Ich habe eine amnestische Aphasie, das heißt, es sind Wortfindungsstörungen. Die Spontansprache ist gut, allenfalls durch die Wortfindungsstörungen etwas verzögert. Das Sprachverständnis im normalen Gespräch kann praktisch unauffällig erscheinen. Durchaus bin ich fähig, die Objekte zu erkennen und zu identifizieren.

Ich kann zum Beispiel diese Identifikation nur nicht mit dem passenden Wort belegen. Ich versuche daher, die Lücke durch Ersatzworte oder Ersatzformulierungen zu füllen.

Diese Störung kann gelegentlich so diskret sein, dass unerfahrene Untersucher oder Ärzte diese recht charakteristisch aphasische Störung nicht bemerken.

So ist es. Ich glaube, wenn ich nichts gesagt hätte, zum Beispiel beim Augenarzt, hätte der Arzt gar nichts bemerkt. Habt ihr das jetzt verstanden. So, haargenau ist es.

Nur gelegentlich treten Paraphasien auf, wobei semantische etwas häufiger als phonematische Paraphasien zu beobachten sind. **(Und das hab ich nicht verstanden. Aphasie!)** Kommen die Patienten beim Erzählen durch Fehlen eines bestimmten Wortes ins Stocken, so gelingt ihnen meist durch ganz unterschiedliche Verhaltensweisen die Unterbrechung zu überbrücken.

So sieht es aus... und begeistert bin ich nicht. Aber ich weiß jedenfalls, was ich habe und wo es her kommt und ich weiß es zu händeln.

Jörg, J. Wilhelm H., 1985:
Praxis neurologische Sprach- und Sprechstörungen

19.12.2017

MOSS - ALLES NACHEINANDER

Ich sitze bei MOSS.
MOSS ist sozusagen mein Ruhepol.
Aber die Leute sind sehr hektisch vor Weihnachten.

„Er" fliegt nach Kambodscha für 4 Wochen. Ich weiß aber nicht weiter. Seine Erzählungen stoppen hier. Schade; schade.

Wie die Menschen nach EDEKA eilen - Wahnsinn. Da trägt eine Frau einen Chihuahua. Der Hund ist so klein, dass sie ihn in der Tasche trägt. Sie meint: „ Man könne ja auf den Hund treten..."

Hier fahren die Autos rückwärts ...verkehrte Welt

... und hier bei MOSS ist die Hölle los...

„Er"hat Arbeit bis unters Dach, sagte er.

Eine Dame hat eine Mütze vorgezeigt. Wunderschön ist sie, die Mütze, - aber nun auch wieder Hektik, Hektik!

Da kommt ein Freund vorbei. Wenn er einen Cappuccino trinkt, weiß ich ganz genau, er wird noch Kuchen kaufen. Er ist der älteste Verkäufer in einem Küchengeschäft **(?...ich weiß das passende Wort nicht!)**

Wer weiß, vielleicht kaufe ich noch eine kleine Küche.

Wir können nicht übers Handy miteinander reden... geht einfach nicht. Er ist sehr förmlich und ich bin authentisch. Er bekommt auf jeden Fall das 1. Buch von mir. Ich liebe es, wie er lacht. Er will auf jeden Fall noch Gulaschsuppe essen und mit mir spazierengehen - etc.

Aber „Alles nacheinander" sagt er. Das mache ich mir jetzt auch zur Gewohnheit. Eins nach dem anderen, sage ich. Es prägt sich ein. Ich mache eins nach dem anderen. Wunderbar...

Hier fahren die Autos rückwärts ... näh ... verkehrte Welt!

Ich gehe einfach jetzt ganz schnell nach Hause!

27.09.2018

Robert Betz - Neues

Sobald Du dich dafür entscheidest,
dein Herz zu öffnen für VERSTÄNDNIS, MITGEFÜHL,
VERZEIHEN, WÜRDIGEN, ANNAHME, LOSLASSEN
und LIEBEN - und zwar dir selbst UND anderen gegenüber,
beginnt etwas Neues.....

27.09.2017

LOGOPÄDIE

... die Zeit rast und ich bin sehr müde. Die Logo schlaucht, trotzdem macht sie sehr viel Spass. Ich weiß nie, wie ich das sagen soll.
Es ist nie langweilig. Die Logopädie, wenn ich sie nicht hätte, vor allem Ines.

Ines ist schw..., aber pssst, wir dürfen es noch keinem weitersagen. Saskia ist auch schw... - gerade mal aneinander gewöhnt, war sie auch schw...

Die Logopädin heisst jetzt Vera. Mal sehen, wie lange sie dran ist.?
Aphasie

Wir haben Februar 2018.
... und Vera ist nicht schw... sondern nur krank? Aber es reicht mir jetzt.

Ich sage, Sabrina ist jetzt mein Opfer, der ich alles sagen kann, was ich auf dem Herzen habe..... ? **Aphasie**
Wir haben schon März 2018...

30.1.2018

MOSS - GLÜCKLICH

Heute ist wieder so ein Tag. Mir geht es mies. **Aphasie.**
Draußen scheint die Sonne und ich sitze hier bei MOSS .

Die Sonne scheint noch immer.

Ein Streuselbröchten essen und eine Tasse Kaffee trinken, dazu ein Glas Wasser, ist für mich ein Highlight... immer wieder. Ich mache es mir zur Gewohnheit.

Ich will nur nachfragen, wie es ihm heute geht!!
„ER" hat es gelesen...
„ER" HAT GESCHRIEBEN: WOW !
... oder schreibt er nur so?
Ich muss unbedingt damit aufhören...
Vor allen Dingen darf ich mich nicht aufgeben, was ich fast wieder tue. Es steht wieder ein homöoaphatisches Gespräch an. Das ist dringend nötig...

Ich bin auf einmal wieder unendlich „GLÜCKLICH".

Ich bin auf einmal wieder unendlich „glücklich"

Guten Abend, liebe Elke

Danke, soweit, so gut. Meine Influenza ist zu 80% überwunden. Und wie geht es Dir?

Lieber M...

Heute bin ich zuhause gewesen. Schnee ist nicht mein Fall. Das ist schön, dass Du dich gemeldet hast. Haushalt... wie ich das hasse. Ja! aber es geht mir gut!

Prima, Elke

Ein Tag zuhause, ist auch nicht schlecht. Dir wünsche ich einen schönen Abend und eine erholsame Nacht.
Viele Grüße sendet M...

Dir auch eine ruhige Nacht
Elke

07.03.2018

HAUS SETTERICH - PC Kurs

Da ist super Musik im Radio und ich träume wieder.

Gestern bin ich im HAUS SETTERICH gewesen, auf eine Annonce hin. Einfach so. Ich kann sagen, es kommt ja alles wieder. Also ich meine, der Kurs, den ich belege... Ich meine, es bildet sich alles zurück, auch mit dem PC-Kurs wird alles gut gehn. (voran gehen). Da höre ich vom Nebentisch, dass der Speicherplatz vom Handy fast voll ist. Alles eben ganz langsam... ja gut, ihr wisst vom Buch 1, dass ich Bauzeichnerin im Tiefbauamt gewesen bin und vor 2 Bildschirmen gesessen habe und Zeichnungen gemacht habe; und jetzt muss ich alles wieder neu erlernen.

Das „Haus SETTERICH" wird vom DRK geleitet.
Sie bieten mehrere Kurse an: Nähkurse oder trommeln, oder sie unterstützen auch den PC-Kurs oder es gibt Kaffee und Kuchen in einer gesprächigen Runde. Das alles kann man dort erlernen. Demnächst ist ein Grillfest im „HAUS SETTERICH", worauf ich mich schon sehr freue, man kann Leute kennen lernen und sich einen Kurs angucken an dem man gerne teilnehmen möchte.

LUST AUF: In der Reha in der Westerwaldklinik, hat man mir nahe gelegt, ich soll das endlich machen, worauf ich Lust habe.
Das hat sich bei mir auch eingeprägt.
Es gab Zeiten, da hätte ich im Leben nie damit gerechnet, dass zu tun, worauf ich Lust habe. Das war immer ein Handicap für mich.
Das stärkt mich ein bisschen mehr, die neue Einstellung.

Man muss immer „dran bleiben".
Man sollte aber auch Dinge weglegen können, z.B. das Handy, wann immer es geht...!

30.03.2018

Mein Tablet - neuer Chor - Akzeptanz

Ja... ich weiß noch längst nicht alles. Wie zum Beispiel beim meinem Tablet, schaffe ich es nicht, mich einzuschreiben in meinen Text. Dann erscheint ein Zeichen auf dem Tablet und ich fange wieder von vorne an zu schreiben ? **Aphasie... grausam,echt mega grausam...!**
Deshalb bin ich in dem PC-KURS .

So ist es nun Mal. Früher hätte ich gesagt, dass Wörtchen mit Sch..., aber heute lässt mich das fast „alles kalt". Komm ich heute nicht, dann wird es morgen sein.

Oder, ich bin nicht in der Lage zu managen: funktioniert das INTERNET für das Tablet oder meinen Laptop. Das heißt, ich muss immer fragen, wie das geht.

Neuer Chor. Singen auf der Probe!
Ich krieg es einfach nicht hin auf der Probe, mit meinem Tablet vernünftig umzugehen **(Aphasie... ist nicht das richtige Wort...)**
Und jetzt hab ich mir das Notebook aus Versehen tatsächlich „ganz" gelöscht. Ich meine, wie kann das sein? Und jetzt noch das Kennwort - oder wie soll man es nennen!?!
Der Neue Chor besteht ja weiterhin, aber, aber...und ihr wisst jetzt auch nicht, wie ich es meine??? Oder???

Man, man..., ich kann es nicht ändern. Es kommt mir aber wieder in den Sinn. Nur wann, das ist die Frage. Es ist, wie verhext!

Letztendlich singe ich dann auswendig - oder mein Nachbar ist auch noch da.

Ich glaube,ich muss es akzeptieren,so wie es ist?

22.05.2018

Schreiben ist für die Seele

Habe ich da richtig gesehen? Ein Mann bei MOSS ohne Schuhe? Sachen gibt es...

Das Wetter spielt verrückt. Eben hat es noch angefangen zu regnen, also ein Wolkenbruch und dann scheint plötzlich wieder die Sonne. Na was mache ich hier wieder: Natürlich... esse ein Streuselbrötchen und trinke Kaffee und ein Glas Wasser. Das wird zu meiner Gewohnheit. Immer das gleiche: Immer Streuselbrötchen, eine Tasse Kaffee und ein Glas Mineralwasser, immer und immer wieder... Ich weiß es nicht, warum es so ist.

Na, wenn das herunterkommt, dann Prost Mahlzeit. Kohlrabenschwarz ist es am Himmel.

Ich habe niemals daran geglaubt, dass ich hier sitze und „schreibe" und es tut mir sooo gut.

Eine hochschwangere Frau kreuzt meinen Weg. Sie guckt mich mit einem Blick an und ich wusste sofort, was sie dachte. Sie strahlte, als sie mich sah. Ich weiß auch nicht. Dass ich den ganzen Ärger runterspüle mit einem Glas „Adelholzener Alpenquelle sanft", mit einem Glas Mineralwasser. Das bin ich. Es geht mir auch nicht so perfekt, doch wenn ich schreibe dann „ordne" ich mein Welt. Ich, schreibe für meine SEELE, hat mein lieber Onkel geschrieben...

Ein süßes Baby oder Kleinkind, sitzt auf dem Arm der Mutter, angezogen mit einem putzigen Mützchen. Niedlich...

So ist es ... und eigentlich geht es mir jetzt wieder ein bisschen besser.

Die Zeit geht immer weiter. Ich kann mich noch an die Zeit erinnern, als ich in einem Cafe die Lehre als Bäckerfachverkäuferin begonnen habe und ich bei MOSS heute die gleiche Frau von damals gesehen habe, aus meiner Lehrzeit, nur jetzt im Arm der Tochter.
Aphasie... Heute ist sie gebückt und geht am Stock, weil sie nicht mehr anders kann. Oje, wie die Zeit vergeht. Es darf nicht wahr sein.

Schreiben tut mir sooo gut!

Ich merke, dass ich wieder meinen Aperitif brauche von meinem Arzt. Also, mein homöopathisches Arzneimittel alle 4 -6 Wochen, damit es mir besser geht. Bevor ich das noch nicht kannte, (das homöopathisches Arzneimittel) ist Andrea mit mir zu einem Neurologen gefahren und ich bekam dann ein Psychopharmaka. Um Himmelswillen. Mir war kotzübel danach und Andrea und ich haben beschlossen, einen Arzt zu finden, der ein homöopathisches Mittel verschreibt, das wirkt. **Aphasie, ich glaube, das ist nicht richtig beschrieben...**
Seitdem nehme ich nur 2 Mittel: ASS 100 und SIMVA (Blutverdünner).

... und mit dem homöopathischen Mittel geht es mir seelisch besser.

... und wieder ertappe ich mich dabei und schaue auf mein Handy in der Hoffnung... Naja, wie gesagt, ich muss nach vorne blicken.

Schreiben ordnet meine Welt!

24.05.2018

Trinken - Schwindel

Es gab mal eine Zeit, bis zur 3. Reha und noch ein bisschen weiter zurück, nur bitte, ich weiß es nicht mehr so genau. Wie gesagt, es war mir unheimlich übel und schwindelig eine ganze Zeit lang. Bis ich angefangen habe, selbst einen Plan zu machen und Andrea sagte, dass ich unbedingt immer mindestens einmal rausgehen sollte. Dann ging es mir ein bisschen besser, ohne dass ich es direkt bemerkte. So schaute ich, dass ich immer einmal mindestens „raus" ging, an die frische Luft, auch um ein bisschen von dem psychischen Krempel loszuwerden, aber auch, um mich ganz einfach „frei" zu fühlen. Einfach frei von allem zu sein. Das war sozusagen mein Teil des Planes, dass es mir immer besser ging.

Meine Übelkeit und der Schwindel waren auf jeden Fall weg. Wie aus heiterem Himmel. Ihr könnt euch nicht vorstellen, einer der mit Schwindel zu tun hat Tag für Tag. Einfach wie weggeblasen. Das ist ein Gefühl, als wollte man die Welt küssen. Ja ehrlich...

Ein Gefühl als wollte man die Welt küssen!

Ach ja und schließlich ist es so, dass ich auch viel trinken muss seit der REHA. Ich habe es mir angewöhnt. Wir hatten immer eine Flasche Wasser dabei, so als müsste ich trinken, um im Fluss des Geschehens zu bleiben. Habt ihr mich verstanden? Also, in der REHA-Schlaganfall wurden wir angehalten stets eine Flasche Wasser dabei zu haben, bei allen Veranstaltungen. Dafür bin ich heute sehr dankbar.

Wenn alle älteren Menschen doch auch nur mehr Wasser trinken würden, dann wäre vieles besser. Vielleicht ist es, weil sie älter sind als ich...

Und je älter man wird, umso schwieriger wird es jedenfalls das Leben zu geniessen und zu meistern. Wer weiß, wie wir es mal machen, wenn wir älter sind.

Der Kalender schreibt:
Jedes Scheitern ist eine große Erfahrung,
So wertvoll wie der Erfolg. Beide sind
Geschwister- hör auf , sie zu trennen.
Würdige jeden sogenannten Misserfolg
Und ehre dich dafür. Das Gesamt deiner
Erfahrungen ist immer ein Erfolg.
R.B.

...und es hat aufgehört zu regnen. Das war wieder ein Wetter. Gewitter... Ein Regenbogen strahlt über den Fußballplatz...
es ist bereits 19.30 Uhr.

Vorne an der Straße ist es total dunkel, aber im Garten ist es schön.
Wie gesagt verkehrte Welt...
Ich tanze und drehe die Welt wieder richtig herum...
„Summer move on" - AHA... dabei hat der Sommer erst angefangen.

Ich drehe die Welt halt wieder richtig herum und hoffe auf Montag.
Ich drehe die Welt wieder richtig herum... richtig herum... richtig herum... herum ...
Herum... ich höre... und... ich drehe mich im Kreis...

TRINKEN... ist das A und O.

24.06.2018

MOSS – Das ist Dein Lachen

Die „alte Gang" unterhält sich bei MOSS über Fußball. Der alte Herr...
„Der schwimmt nicht mehr", sagte sie. Sie unterhielten sich vermutlich über Fisch...

Für mich gibt es wie immer ein Streuselbrötchen mit einer Tasse Kaffee und Wasser dazu. Ich höre zu. Sie unterhielten sich über das Altern...Thema wechseln. Der Herr meinte, einer Bedienung zum Geburtstag zu gratulieren.

Ich bin sehr nachdenklich geworden. Das Wetter wieder. Das bringt alle Leute auf die Palme. Mal geht die Temperatur rauf und mal geht sie runter. Das bringt alle Leute auf die Palme. **Aphasie wieder.**

Das kleine Mädchen. Wie groß sie schon ist. Die Eltern wechseln sich ab mit dem Aufpassen auf die Kleine. Wenn er mit dem kleinen Würmchen ging, aß sie ganz schnell und umgedreht genau so. So wäre das damals auch richtig gewesen. Naja, damals war auch eine andere Zeit und letztendlich war ich ja immer allein unterwegs. Ich meine, da gab es noch nicht die Zeit, wo der Mann auch mitgeholfen hätte, bei der Erziehung der Kinder.

Aber es kommen auch noch Enkelchen. Wie ich mich darauf freue! Meine jüngste Tochter möchte sich neu kramen, orientieren ist glaube ich besser **(... wenn ihr mich versteht).** Sie ist so wie sie ist, und ich liebe das. Meine beiden Kinder, die ich immer lieben werde...
Ich glaube, ich gehe mal besser... keine Sonne mehr.

Habe ihm eine Karte zum Geburtstag geschrieben. Die Karte, war ein Buddha, der herzlich lachte. Ich habe einfach geschrieben: „Das ist Dein Lachen."

Da bin ich mal gespannt,
wie er reagiert...

Er hat sich tierisch gefreut über die Karte. Er schreibt, er liebt Buddhas!

Das ist „Dein Lachen"

28.05.2018

MEIN EGO

Es war sehr sehr heiß heute, den ganzen Tag. Uschi, die Gymnastiklehrerin hat mit mir geredet. Meine Seele wieder...
„Du kannst gehen, du kannst dich halbwegs wieder normal unterhalten" (...nur jetzt wieder nicht, Blockade). „Vergiss das bitte nicht!", meinte sie. Sie ist vom gleichen Jahrgang. Wir ticken insgesamt so gleich. Sie meinte, mein Ego ist zu engagiert! Ich solle mich nur auf das Wesentliche konzentrieren. Da schluckte ich und wir hielten uns in den Armen. So sind sie halt die Frauen, während die Männer total anders ticken...

Mein Freund schreibt: Guten Abend, liebe Elke. Besten Dank für Deine herzliche Einladung, die engagierten Präsente und die netten Stunden. Dass Du blockiert warst, konnte ich nicht feststellen. Vielmehr hatte ich den Eindruck, dass Du super gut „da stehst". In diesem Sinne wünsche ich dir viel Kraft für die nächsten Schritte. Viele Grüße sendet M...

Er hat es nicht bemerkt. Die Männer... wie verschieden sie sind...
Aber jetzt ist alles gut mit mir. Ich war neben der Bahn, wie man so schön sagt, oder ich bin wieder in ein schwarzes Loch gefallen! Wer weiß...
Mein Ego ist zu engagiert in dem Moment. Wie Recht sie hat...

28.06.2018

MOSS „OKAY“

Das Wort „okay“

Mein „Ruhepol“. Hier kann ich mich so richtig ausruhen, um nicht sagen zu müssen, dass eben mein Buch 3 wartet! Nur der Mann am anderen Tisch sagte ununterbrochen: Ja,ja ja ja ja ja ja. Wie oft er es auch sagte...„Ja"... er ist dabei, sich zu bewerben bei der Hörakustik. Es ist mir alles ziemlich egal, außer er soll nicht mehr „ja" sagen! Zum x-ten Mal sagt er es...

Aber so ist das auch mit mir. Ich sage oft das Wort „okay", ich benötige es, um mich zu artikulieren. Das Wort „okay" brauche ich, um mich wieder neu aufzubauen, zu sammeln oder ein neuen Start zu bekommen. Heute weiß ich das und seltsam, ich benutze es heute kaum noch.

Erstmals bin ich viel weiter gekommen als je zuvor, meinte Sabrina, meine Logopädin, ohne dass ich es selbst merkte.

05.07.2018

WALKEN

Ich hatte keine Lust und doch muss ich unbedingt. Ich meine WALKEN ... um 8.00 Uhr. Der Herr war da, überpünktlich, um mich abzuholen. Die Fahrt beginnt. Er unterhielt sich die ganze Zeit mit mir. Ich müsste ihm ja dankbar sein. Er lies nicht ab, als wäre sonst niemand anders da. Ich müsste im Prinzip ein bisschen loslegen, mit meinen Erzählungen. Aber wisst ihr, es ist einfach nur, dass ich ultra müde bin, denn es waren ja erst 8.00 Uhr morgens. Doch ich bin ihm nicht böse. Im Gegenteil. Er fördert mich ja auf diese Art.
„Ich bin so eingefahren", meinte er, der Stundenplan, meinte er dann wieder. Er versucht mich auch rauszuholen, aus dem ganzen Schlammassel-Chaos! Wenn er wüsste...

Und das Beste ist, er fährt mich zurück zur Logo... Das ist unglaublich nett. Eine TÜR, es öffnet sich wieder eine Tür für mich. Das möchte ich erst mal sacken lassen.

„Die Logo", so meinte er, „wenn ich die draußen machen könnte, die Therapie wäre noch besser". Super, interessant. „Denn draußen ist ja alles viel schöner", meinte er, in der freien Natur. Und als er erzählte, dass jeder so sein Päckchen zu tragen hätte, war mir klar, dass ich unbedingt der Walk-Gruppe beitreten muss. Nur er erzählte und erzählte. Und ich dachte nur, wenn er wüsste, mein Guter...
Das alles ist nicht böse gemeint.

Die Welt ist ultra-klein auch hier in Baesweiler, in der Eisdiele am Reyplatz. Wenn das die große Tochter wüsste, wer hier soeben seine Mahlzeit verspeist. Junge, Junge... nachher, kam er, Nachtisch essen und setzte sich dann in die Eisdiele.

Die Kleine versucht ihre Haare zu bändigen. Geschafft... Sie verzieht ihre Schnute. Zu süß, wirklich drollig. „Lecker, lecker...", meinte sie sagen zu müssen.
Wenn ich nachher wieder „gehen" muss... oje... Ich liebe natürlich hier zu sitzen. Und dann kommt ein langjähriger Freund von mir. Hmm... er setzt sich ins nächste Lokal. Ach, es ist mir auch egal, wo er sich setzt. Ich finde es schön zu beobachten. Bonjour... prego, höre ich sie sagen.

Er ist mit mir gewalkt oder hat es wenigsten versucht.
... hat mich wieder neu aufgebaut... er holt mich ab, genial.
„Mille grazie... und guten Appetit"...

Er holt mich ab und fährt mich zur Logo. Er möchte, dass ich dran bleibe, mich werben und begeistern für das Walken.Wenn er wüsste, wie sehr ich davon geträumt habe „Walken"... Wie ich das wieder finde? Unbeschreiblich, was sonst! Da gibt es keine anderen Worte! Einer meiner Träume erfüllt sich, dies wird mich ganz sicher wieder ein bisschen mehr stärken, indirekt.

Juni 2018

AACHENER RATHAUS

Ich sitze hier mitten am Rathausplatz (...Aphasie). Ich weiß noch nicht Mal, wo ich sitze, dabei kommt es mir so vor, als wäre nie etwas mit mir geschehen. Da vorne, ist wie gesagt die Karls-Apotheke und links davon liegt das Restaurant „Zum goldenen Einhorn". Alle fotografieren den Brunnen (...**Aphasie... Ich weiß es, dass ich es kann, aber jetzt noch nicht).** 🤫

Japaner, Holländer, Italiener und dann natürlich, wie kann man sie vergessen weitere unzählige Menschen, sitzen auf Stühlen im Sausalitos, im Extrablatt und in den Eiskaffees und ich lausche den Worten und dem Gemurmel. Die Studenten, die hab ich ganz vergessen. Ich liebe das alles. Ich beobachte. Es ist ein Kommen und Gehen... Gemurmel ! Ein unglaublich schönes Erlebnis...
Markt und The Body Shop im Hintergrund.

Der Marktplatz. Schluss aus, Feierabend. Es ist der Marktplatz wo ich mich befinde. Habe ich so beschlossen (...ich glaube es ist der Marktplatz oder wie würdet ihr sagen)?

Ein Bernersennenhund badet im Brunnen. Dabei wird er von Schaulustigen fotografiert. Es war zu ulkig und zur Krönung, hat er sich ganz kräftig geschüttelt. Man, man, das müsstet ihr gesehen haben!

Ich sitze und beobachte...

Ich sitze und beobachte... Ich sitze und beobachte...
Ich sitze und beobachte... Sitze und beobachte...

Es ist wunderschön in aller Ruhe anzusehen, wie dass Leben, die Ereignisse, so mir nichts dir nichts einfach so passiert!

17.07.2018

Mein Anliegen „Ernst genommen werden"

Was mir sehr am dem Herzen liegt, ist:
Wir, die Aphasiker/innen, sind ein Teil von euch, dem ganz normalen Volk. Dennoch, sind wir auf eure Hilfe sehr angewiesen. Und, habt immer den Mut, uns auch anzusprechen.

Ja, wir reden oft anders oder uns fallen nicht die richtigen Worte ein, aber wir denken und fühlen doch wie ihr es tut und verstehen auch alles, was ihr sagt. Ich jedenfalls und die anderen Aphasiker genauso.

Dankeschön... in unserem Kopf wissen wir genau, was wir sagen bzw. tun wollen, aber, aber...
Bei mir ist es so, die Programmierung des Sprechapparates funktioniert nicht immer so, wie ich es gerne will. Oder, ich weiß das alles, und es lässt mich nicht in Ruhe, bis ich das richtige Wort gefunden und gesagt habe. Aber das hatten wir ja schon in Buch 1, wo ich es ausführlich beschrieben habe.

Also, ihr Lieben, mit viel, viel Zeit und viel Geduld, kriegen wir das schon hin.

Learning by doing!

Die Reha und die Therapien zuhause, sowie die Logopädie, tun das Möglichste. Aber je mehr ich Gespräche allgemein führe, umso besser klappt das alles. Ich sehne mich danach!

Eigentlich müsste ich von einer Situation erzählen, wie es mir ergangen ist. Es war so und die Rolläden gingen runter. Der Herr, der mich nachhause gefahren hatte, von einer Party, tat sich sehr schwer, mit

mir zu reden **(Aphasie)**. Die Rolladen gingen echt wirklich wieder runter für ihn. (versteht ihr mich?). Das habe ich natürlich gemerkt. Er bemühte sich sehr, aber, aber...

Ich habe oft das Gefühl, dass Menschen Angst vor mir haben bzw. Angst vor dem eigenen Sprechen und meinem Gerede eben. Das sie Angst haben vor meinen Sprachproblemen... oder, dass sie einfach drauf los reden, ohne dass sie abwarten ohne Pause, wie „ich" es vielleicht sehe! Diese Zeit haben sie dann nicht.

Ich bin so, wie ich bin... nur ein bisschen „langsamer“. Das ist so nichts Ungewöhnliches! - Eigentlich AUSSERGEWÖHNLICH EBEN... **Das macht es aus.**

Eigentlich ist „ER“ auch wieder derjenige, der alles richtig macht mit dem Unterhalten. **(Aphasie?)**
Selbstverständlich auch meine Familie... und natürlich auch meine besten Freundinnen und Freunde... Sie wissen ganz genau, wie sie mit mir „sprechen“ müssen.

... einfach ein bisschen langsamer halt. Genau so und je mehr ich spreche, um so weniger fällt es nachher auf, wieder ganz normal reden zu dürfen. Wie gesagt, ich meine, ich würde mich riesig auf diesen Zeitpunkt freuen, wieder „eine von Euch“ sein zu dürfen.

Auch meinen Humor, habe ich wieder zurückgefunden!

Hier ist das beste Beispiel, ein Gespräch mit der Omi im Bus. So soll es sein, dass Reden - einfach drauf los. Wir hatten uns köstlich amüsiert über das „Eine oder das Andere“. Im Grunde hätte ich das Gespräch mit der Omi aufzeichnen müssen. Sie war so „jugendlich“ und wollte auch nicht als ältere Dame betitelt sein. Sie sei lieber mit jüngeren Menschen zusammen. Und dadurch hält sie sich total jung. (Aphasie Was wollte ich jetzt sagen?) Ich denke, ich weiß es wieder: das ich immer öfter reden sollte bzw. auch reden möchte und mehr Spaß an der Sache habe. **(Aphasie)**

Ich hoffe, ihr habt mich ein wenig verstanden! Das alles macht es aus!
...langsam... langsam... und... als ich ein Kind war, konnte ich es.
„Wir wollen ernst genommen werden“, sagte eine junge Dame, die ein Downsyndrom hat. **(Aphasie)**, zur Bundeskanzlerin Angela Merkel.

Ernst genommen werden ist so wichtig, gerade auch in der Aphasie... DANKESCHÖN!

24.07.2018

37° Hoffnung

Es ging um Samuel Koch... querschnittsgelähmt...
aus der Sendung „Wetten das" mit Thomas Gottschalk. Er war gerade erst um die 25 Jahre. Er verliebt sich und heiratet. Er macht was aus dem ganzen Schlammassel...**(Aphasie)**
Er ist ein Kämpfer.

Hier weiß ich nicht mehr weiter in meinen Erinnerungen. Ich kann mich dann nicht mehr erinnern, was Samuel, der gute Herr,erleiden musste. (Aphasie)

Sein Motto ist jedenfalls, dass er die Gewissheit hat, weiter am Leben teilzuhaben. Voran zu kommen; nicht stehen zu bleiben.

Den Menschen, denen man begegnet, seien es die Ärzte oder die krankengymnastische Fürsorge oder Therapien, seelische Belange und und und... gehören ebenfalls zu dir, sagte Samuel. Er sieht sich zum Beispiel andere Kinder an, die im Rollstuhl sitzen und schließt sich ihnen an. Regelmäßig besucht er sie und lernt aus ihrem Verhalten und dem Umgang. Sie gehören ebenfalls dazu.

Man sollte niemals stehen bleiben und sollte am Ball bleiben, egal wie schlimm es auch ist für jeden einzelnen. Immer ein bisschen mehr tun...

Das finde ich toll und lobe es. Immer ein bisschen „mehr" und immer ein bisschen „weiter".

Samuel Koch hat sich einiges wieder erarbeitet. Er war tatsächlich ehemaliger Kunstturner...

Da ist auch noch eine Sportlerin, die jetzt im Rollstuhl sitzt. Sie liebt das Leben. Ich glaube, sie war Rennradfahrerin? Sie will alles wissen und teilhaben, das Leben geht hundertprozentig weiter.

Sie alle und auch ich sind der Meinung, die Kleinigkeiten sind das, was wir unbedingt brauchen. Solche Kleinigkeiten, wie zum Beispiel, das Lachen des kleinen Mädchen bei MOSS, das zu mir herüber guckt oder ein Spaziergang im Feld. Viele andere Dinge sind weiß Gott uninteressant. Sie stand immer unter Druck und musste immer mehr Leistung bringen. Christina Vogel ist der werte Name der Rennradfahrerin. Nachher fiel es mir ein.

Man soll nie die Hoffnung aufgeben. Ich meine, es sind eindeutig die kleinen Dinge, die glücklich machen.

Die Fähigkeiten mit wenig auszukommen, und dabei den Tatsachen ins Auge zu sehen: wenn nichts mehr so ist wie es war, also quasi neu orientieren müssen, wie zum Beispiel der smarte Samuel oder auch die sportliche und erfolgreiche Christina, ja, und auch ich, die funktionstüchtige Elke, müssen sich in der Regel ein neues Leben ausdenken und erarbeiten.

Man soll nie die Hoffnung aufgeben!

01.07.2018

In der Eisdiele

30° im Schatten an der Eisdiele. Langsamer, langsamer müsste ich wieder sagen, zu allem was sich bewegt. Ich sehe, wie eins nach dem anderen noch „schneller" wird. **(Aphasie).**

Die Musik alleine schon! Sie ist super laut... tierisch geräuschvoll! Die Menschen! Als wollten sie noch einiges erledigen und erleben... man, man, man...

Alle wieder in Eile... man, man, man!

Hier ist ein Geräuchpegel von X hoch 100. Wahnsinn... man, man, man. Junge, Junge... oder liegt es wieder an mir? Ich kann das alles nicht mehr vertragen!
Und dann der Verkehr! Die Busse fahren sehr hektisch oder meine ich es nur? Und alle Leute hetzen in den Aldi... man, man, man...
Mein Gott, mein Gott... ein Kreislauf, den ich partout nicht wahrhaben möchte. Mein Gott, die Kinder brüllend und schreiend...!

Und ich bestelle mir noch einen Kaffee, anstatt schleunigst zu gehen. Man, man man...
Ich sehe, dass ich das gar nicht mehr nötig habe und nicht mehr brauche.

Ah, das ist ja mal eine Überraschung. Sollte ich ihn ansprechen und sagen, ich hätte noch was gut bei ihm. 🙂
Da falle ich urplötzlich in schallendes Gelächter! Oder, wer weiss denn schon, was er im Schilde führt.
„I need Dollar, Dollar is what I need"! Doch ihr wisst, was ich benötige...!
Mir wird glatt schwindelig, bei der Schnelligkeit und dann tritt mir noch der pure Schweiß auf die Stirn. Man, man, man...

08.08.2018

„Sich treiben lassen“

Das, was mir sehr helfen würde, wisst ihr schon. Wieder schaue ich auf mein Handy. Es geht einfach nicht immer... Ich vermisse ihn eindeutig und er antwortet nicht...!

Es ist sowieso wieder so weit! Mein homöopathisches Arzneimittel ist an der Reihe und außerdem ist es zur Zeit auch noch ultra-heiß, 32° - 38°. Sehr, sehr unangenehm. Außerdem bin ich sehr antriebslos zur Zeit. Alle haben Ferien, mein Freund schreibt nicht mehr, ganz schlimm, sooo schlimm...

Die Menschen sind froh, einmal wieder angenehme Temperaturen zu haben, so 25° und nicht zur Zeit diese absolute Dürre mit ihren katastrophalen Folgen.

Gestern war absolut der Tag, an dem leider Gottes mein Leben nochmal in den Keller rutschte. Und das ist alles, wie ein Abbruch. Könnt ihr mich verstehen.?
Ich bin wieder so weit! Es ist katastrophal...

Ich müsste mich auch wieder hinlegen. Aber noch bin ich bei MOSS. Zur Zeit fällt alles so sehr, sehr schwer auch mich zu integrieren... Ich habe das Gefühl, es geht einfach gar nichts weiter... könnt ihr euch denken, was ich meine?
Doch das muss ich einfach so hinnehmen; sich treiben lassen...

Auf einmal hat man soviel Zeit und weiß dabei nicht, dass man das auch los lassen müsste! Ich meine die Fähigkeit, Zeit zu haben im Überfluss. Wer hätte das je gedacht? Ich und Zeit im Überfluss? Alles mit der Ruhe! Früher konnte ich mir das gar nicht vorstellen, während ich das heute unbedingt brauche.

Ich habe mir heute von der Krankengymnastik einen Bonus geholt. Das heißt, ich habe eine Wellnessmassage für mich gebucht. Ich glaube, dass was andere können, schwimmen gehen und dergleichen – so habe ich diese Möglichkeit für mich genutzt. Ich freue mich eine Körpermassage zu buchen.
Ich gucke, dass ich mich nur ja „zusammenreiße" bis morgen.Es geht mir echt nicht gut. Aber, aber...

12.09.2018

MOSS

Es ist Mittagszeit. Die nette Bedienung kam soeben hereinspaziert. Sie grüsste mich. Ich weiß nicht, wie sie heißt.

Ich habe am 30. 8. geschrieben. Oh... man! Es wird doch nichts passiert sein? Er schreibt: „Auf ein Wiedersehen freue er sich, und wünscht bis dahin alles Gute"

Eine Mutter am Nebentisch meint, dass es mal kalt und dann wieder warm ist. Sie hat ja so Recht.

„ER" könnte auch krank sein. Wenn er wenigstens schreiben würde! Geduld sollte ich haben. Eine andere Wahl habe ich nicht. Ich nehme es gelassen, so wie er es auch sieht! Denke ich! Er sagte einmal: **„Eines Tages wirst du verstehen, dass es die Niederlagen waren, die dich menschlich reicher und stärker gemacht haben und dass es die eigene Überwindung war, aus der Du stark wurdest."** Das ist er. Das liebe ich an ihm. Es ist unglaublich. Stimmt haargenau das Sprichwort: wie das Deckelchen zu dem Töpfchen passt.

Es regnet in Strömen...

Er hat auf meine E-mail geantwortet. Er hat unendlich viel Arbeit, aber er fragt nach mir. Es ist echt unglaublich!
„ER" ist ein Schatz!

SEHNSUCHT

Wenn ich am Morgen aufstehe,
sehe ich die Sonne über den Bäumen aufgehen und ich sehe,
wie aus dem Morgenrot eine helle, warme Sonne wird.
Wenn ich am Nachmittag nach Hause komme, hat die Sonne
das gegenüberliegende Ufer in helles Licht getaucht und es
entsteht ein wunderschönes Farbenspiel zwischen dem Ufer,
dem Wasser und den Booten.
Wenn ich am Abend schlafen gehe, zieht der Mond auf dem
Wasser eine breite Spur und lässt es in der Dunkelheit glitzern.
Und ich wünsche mir sehr, dass ich dich neben mir spüre,
und mit dir gemeinsam das Schöne des Alltags zu erleben.

Und du, du bist so weit weg und weißt nichts davon.

(Verfasser unbekannt)

06.09.2018

FÖHR

Früher ging ich mit dem Stock ganz langsam und heute, dazwischen liegen Welten.

vorher

nachher

FÖHR

Wieder am Leben teilnehmen!

Es ist mein 3. Urlaub auf FÖHR in Wyk. Die Schaffnerin in Aachen hat ihren Job grandios gemacht und sich viel Zeit für mich genommen. Sie hat sich unterhalten mit mir. Sie findet es „1A", dass ich wieder am Leben teilhaben kann.

Nächste Station Düren, Ausstieg links. Das Wetter ist schön für diese Jahreszeit. Es ist ein kommen und gehen in dem Zug. **Der Zug ist voll. (Aphasie)**

Wow...wir sind schon in Düren. Es ist schön aus dem Fenster zu schauen. Claudia: so heißt die Dame in Wyk auf Föhr wo ich übernachten werde. Nun sitze ich gemütlich auf meinem reservierten Platz im ICE nach Dagemöll. Wieder fährt der Zug in die andere Richtung... liegt es an mir, dass ich nicht weiß, in welche Richtung der Zug fährt? Ich denke, dass weiß ich alles. Er fährt also rückwärts. Das hier hätte ich alleine und ohne fremde Hilfe wieder nicht geschafft.

Wuppertal-Vohwinkel... okay, hier sind wir schon! Die älteren Herrschaften suchen etwas. Die Außentaschen! Da ist etwas zu essen! BAYER-WERKE, aus einem Schornstein zieht kerzengerade der Rauch. Nichts als Industrie ringsherum und hier und da eine Kirche. Der andere Zug in die andere Richtung. Als ich die Dame in Wyk anrief, sagte sie, sie freue sich auf mich. Die Freude beruht natürlich auf Gegenseitigkeit.

... und wenn ich meine jüngste Tochter nicht hätte. Sie hat mich zum Hauptbahnhof nach Aachen gefahren. Sie schob mir eine weiße Tafel Schokolade zu. Wenn ich sie nicht hätte. Ich glaube fast, sie ist mein Ebenbild.
Versteht ihr mich? Sie ist mir unheimlich ähnlich. Wir unterhielten

uns so lange auf dem Aachener Bahnhof, bis dass ich in den „nächsten Händen" war, bis dass ich abgeholt wurde von einem der sich auskennt. **(Aphasie)**

Dortmund – Münster ...
"Eiscreme, Apfelsaft, Snacks", hörte ich sie sagen, die Bedienung im Zug. Ich bin aus dem Schlaf gerissen und bitte um einen Kaffee.
Da höre ich sie wieder, die kleinen Stimmen, wie durcheinander sie plappern. Schön, echt wieder schön. Sie wollen auch am Leben teilhaben. Wir, als Kinder, ach ja, das war eine andere Zeit.

Osnabrück „Auf Wiedersehen", hörte ich wieder den Schaffner sagen. Rückwärts fahren, ist echt nicht schön. Bremen.

Das schöne Wetter ist vorbei – hat sich verabschiedet. Oder wie hätte man es jetzt wieder ausgedrückt...? Graue Wolken, aber das macht nichts. Ich mache Urlaub, da ist es egal, welches Wetter gerade im Moment ist. Hauptsache es regnet nicht, obwohl ich auch laufe bei Regenwetter. Es hängt alles zu, im wahrsten Sinne des Wortes. Regen und Schauer...

Schade... Schon in Hamburg...
Wir fahren gerade aus. Oh Wunder. Der Nachbar sagt, es ist Schichtwechsel. Sie fahren bis Amrun.

Mein Freund geht immer früh schlafen. Ich glaube, dass mache ich auch in meinem Urlaub.

Gestern war Ostermontag; singen in der Würselener Kirche, dies war wieder ein Highlight für mich, aber auch eine Herausforderung, die sehr anstrengend war! Und morgen sieht die Welt richtig normal aus bzw. sie sieht nach Urlaub aus.

Und ich lese auf meinem Handy, dass er mir zurückgeschrieben hat. Und jetzt scheint tatsächlich die Sonne.
„ER" wünscht mir schöne Grüße aus Aachen.

04.04.2018

Der Glanz der Sonne

... und jetzt ab die Post. Ich möchte was erleben. Möchte gucken, wo das Meer ist, wo Ebbe oder Flut zur Zeit stehen. Ab, die Fahrt beginnt.

„Nichts ist schöner, als der Glanz der Sonne im Widerschein des Meeres"

11.30 Uhr hier sitze ich nun schon wieder... **(... ihr müsst mir jetzt wieder helfen. Aphasie)** mitten am Marktplatz! So nenne ich ihn.

„Schön heute, wa," hörte ich sie sagen direkt in meiner Nähe. Das ist so fantastisch zu sehen und zu beobachten. Das weite Meer, und ringsherum das lustige Treiben. Zwei Omis, die sich auf dem Weg machten. Goldig, goldig...

Es ist Ebbe. Aber ich bin mir nicht sicher.
Eine Möwe kreist über meinem Kopf. Sollte sie nicht?
Aber alles gut.

PITSCHI'S

Drei Aussies (Hunde) wollten bestimmt ans Wasser gehen. Die 3 Jungs mit Roller. Sie hatten einfach nur Spass. Soeben hab ich die verdammt gute Luft wieder gespürt. Die salzige Luft, wie gut sie tut. Eiskalte Finger habe ich... und wir haben Flut. „Das Wasser kommt", sagt ein Herr.

Hammer... jetzt gehe ich wirklich zu der Kneipe, ihr wisst schon welche ich meine?

PITSCHI'S... und ihr wisst, warum ich hier bin?
Wieder Mal supi. Ich bekomme einen Cappuccino und siehe da, sie sind wieder da. Kleine, gelbe Smileys aus Zucker. Es ist nicht zu fassen. Einfach Zucker in kleinen Tütchen. Ich sitze mitten in der Sonne traumhaft schön. 9 Grad in Wyk auf FöHR.

05.04.2018

WIEDER IM PITSCHI'S

...und wer sitzt dort? Zwei Männer, die Zeitung lesen. Der Wind ist tierisch und es regnet und der Weg war weit. Ich wollte gar nicht in die Richtung gehen, aber, aber... Ich sage nur immer mein Orientierungssinn (... Das Wort hab ich sicher falsch geschrieben! Oder?) Die Herren sind fertig mit Zeitung lesen. Als wenn es „Bingo" machte! Zeitung lesen, 2 Stunden... bingo, bingo!

Es geht einfach nicht, „IHN" aus dem Kopf zu bekommen. Wo ich gehe und stehe, ist er in meinem Sinn. (...? oder sagt man es anders?) Wenn da nicht ein bisschen Sehnsucht wäre.

Sehnsucht! Er geht mir nicht aus dem Kopf

Die nächsten Leute waren sehr unsympathisch. Sie bestellten Currywurst, leicht und cross. Als ob das nicht immer so wäre. Oh Gott, ist sie unsympathisch! „Einen Salzstreuer bitte," mit einem Unterton und ohne eine Miene zu verziehen. Das hat man mir anders beigebracht. Es gibt solche und solche Leute. So ist das nun Mal... und zu denen hier gehöre ich nicht!

Auf dem Wasser sind tatsächlich zwei Surfer zu sehen. Beginnende Flut. Der kleine Pudel, der unbedingt auf seiner Decke sitzen muss, richtet seinen Blick auf den Tisch im PITSCHI'S zu den unsympathischen Leuten. Es könnte ja was runterfallen. Doch, wie die zwei drauf sind, die zwei Unsympathischen, fällt für den Hund selbst im Traum nichts ab.

Es wird voller im PITSCHI'S. (Aphasie)
Der kleine Mann, der eben auf dem Arm von Papi hereingetragen wurde, isst friedlich den letzten Rest seiner Pommes. Es wird wieder heller draußen. Und plötzlich hatte der kleine Mann mich gesehen! Und er „lächelt" einfach.

Und im nächsten Moment erscheint auch die ältere Dame ein wenig freundlicher. Sie zückt einen Beutel Kekse für die Bedienungen. Seltsam, seltsam... da hab ich mich glatt getäuscht - oder?

- Inselparadies
- spannende Erlebniswelt
- Auffrischen und Abschalten
- In der Natur die Zeit vergessen
- Wo der Horizont das Meer berührt
- mal mit den Füßen auf den Meeresboden gehen
- auspowern und entspannend
- die Kraft spüren
- eine völlig andere Welt
- gelebte Tradition

So schmeckt... FÖHR !

06.04. - 08.04.2018

FÖHR

Ich sitze inmitten des Geschehens. Ich fasse es nicht. Strahlend blauer Himmel. Ein kleines Fräulein sagte, dass wären Monstermuscheln .

Ich wollte mich erkundigen, um nach Amrun zu fahren, aber, aber... liegt es an dem Aufbruch, dass Richtige zu tun oder ist es das Wetter, was mich abhält?! Es ist, wie im Sommer. Das Wasser ist sehr ruhig und gelegentlich ist ein Boot im Wasser.

Da fährt die Fähre von Amrun nach Föhr und umgekehrt.
Die Kinder haben es gut. Sie spielen am Wasser...
(Aphasie - Name fällt mir nicht ein)

Der Meeresspiegel ist gleich mit dem Horizont....unglaublich, wie „gleich" alles aussieht.

Nein, ich mache kein Video. So soll es sein...
8 Mädchen und Jungen lernen das Surfen. Eine Omi hilft ihrer Enkelin, einen Handstand im Sand zu machen. Sechs Boote sind im Wasser. Oje, der Kleine will seine Mütze nicht anlassen. Aber mit viel Mühe und Zureden lässt er sie auf.

Ich sitze inmitten des Geschehens!

Kinder sind hungrig oder sie sind einfach müde oder es geht nicht so, wie sie es wollen. Ganz tapfer kommt ein Skollan (kleine Kinder im Schwedischen) angewatschelt mit seinem Opi...

09.04.2018

Frühstück

„Der Hund der hat einen Schaden," sagte die Chefin des Hauses. Sie unterhält sich mit den drei Herren über Arbeit. „Wir haben nen Hund, der hat nen Schaden." Und wir fallen laut ins Gelächter...
Sie ist außer sich und hält beide Hände vors Gesicht. Wahnsinn, wieder mal schön, so früh gelaunt so munter alle Leute sind. Und ich erst Mal.

Und wenn ich das jetzt nicht aufschreibe, wann dann?
Und später habe ich ja das meiste vergessen. Das ist so, wohl oder übel.

Das Telefon ist auch jeck. Also, wenn es klingelt. Das klingelt so, als wär's ein Ruf von einem Huhn oder so in der Art. Die Frau hinter mir, ist Logopädin... mit ihr habe ich mich unterhalten, eine Zeit. Sie wünschte mir noch alles Gute, denn Schlaganfall bedeutet auch, immer alles ein bisschen langsamer zu tun. Wow... die eine Frau verabschiedete sich von mir. Das bin ich nicht gewöhnt, irre, und wenn ich das nicht aufschreibe; vergessen werde ich es wieder!

Da höre ich das Klingeln vom Telefon. Das ist grausam, dass ich die kleinsten Kleinigkeiten wieder vergesse. Und ein Zeichen, das mich erinnert, dass es jetzt wieder „ab die Post macht".

Es ist halb elf. Time to say Goodbye.
Das Telefonzeichen klingt, als wär's von einem Saxofon gespielt. Und ich krieg noch raus, welche Melodie es spielt.

09.04.2018

FÖHR - TEEHAUS

Ich war im „Friesischen Teehaus Wyk". Allein der Geruch, wenn die Tür sich öffnet. Ein Blütenduft, aber auch ein bisschen von einem rauhen Duft. Und das als gesammten Duft zu riechen, ist herrlich. Das ist ein Duft, den man nicht so schnell vergessen wird. Frühe Mädchentraube wäre glatt ein Tee für mich. Oder Föhrer Dünenwind? Erfrischend, fruchtig und auch als Eistee geeignet oder „Schietwettertee", Kräutertee bekömmlich und wohltuend bei Erkältung oder Nordfriesland Deichgrafentee, milde Blattteemischung. Das war ein kleiner Einblick vom Teehaus.

Und hier bin ich wieder bei PITSCHI'S, das kleine Restaurant und beobachte. Es tröpfelt. Mein bester Freund sagt, ich sollte es genießen, jeden Tag. Die Ruhe ist was einzig schönes und wo habe ich das sonst schon. Es ist Zeit, ein bisschen Mittag zu machen, würde er sagen.

Hier das PITSCHI'S ist Kneipe und Restaurant. Entweder esse ich zwei Folienkartoffeln mit einer Frühlingsoße oder ich lasse alles ausfallen und gehe sofort zum Kuchen über. Die haben so leckeren

Kuchen, das ist gar nicht nötig, das ich mir sonst noch einen Kopf mache. „C'est la vie". Es ist alles in Ordnung.

Da sehe ich ein Bild an der Wand. Es inspiriert mich dazu, zu malen. Das heißt, ich möchte es gerne. Jedes Mal, wenn ich ein selbst gemaltes Bild sehe, denke ich direkt, warum hat sich das Malen nicht bis hin zu dir verirrt. In meiner Wohnung plane ich ein Zimmer, wo ich sicher auch malen werde, demnächst.

Ich probiere den Kuchen und denke wieder an „IHN", ohne das ich es überhaupt möchte. Mannomann! Super, der Kuchen. Der schmeckt grandios. Und sie spielen gute Musik... und ich bin geflasht, und ich möchte länger bleiben als 10 Tage.
„Einen angenehmen Aufenthalt" wünscht das Team von „PITSCHI'S".
„All Night long, they give me" (...Ich kann nur vermuten ?)...
„All night long".

Ofenkartoffeln werde ich demnächst essen mit einem Heringsfilet. Das habe ich mir vorgenommen.

Es kann nur noch besser werden!

Es ist so schwer mit der rechten Hand, meinen Kuchen vernünftig zu essen. Das heißt, die Gabel so zu halten, dass es halbwegs gut aussieht, ganz normal eben.

Da wandern sie, die Rehagruppe draußen. Schnurgerade aus und am Wasser entlang. Da werde ich auch hinkommen; ich muss nur wollen. Alles braucht eben seine Zeit. Langsam, langsam und langsamer. Es kann nur noch besser werden!

„Zahlen, bitte", sage ich und gehe. Stopp! Bis hier und nicht weiter. Der Weg macht einen starken Knick nach unten. Ich hätte im Sand weiterlaufen müssen. Aber es reicht, sage ich zu mir und ich gehe zurück in Etappen. Die Kinder am Strand spielen das Spiel, was wir gerne auch gespielt haben, damals vor meinem Schlaganfall! Das Spiel mit den Hölzern, wo ein Klotz sozusagen in der Mitte steht!
Ihr wisst, welches Spiel ich meine? Oder?

Warum ist das Meer so weit weg? Neun Kinder versuchen kleine Steine ins Wasser zu werfen. Man muss es sich so vorstellen: Es kommt immer näher... das Meer. **Wie nennt man es: das Meer und die Abendsonne im Wasser?** 🙂
Ich denke, es müsste - PRIEL - (Sonnenuntergang) heißen?
... aber Priele sind doch zurücklaufendes oder kommendes Wasser, die dann aussehen wie kleine Flüsschen.

Da ist schon sicher die Jugendherberge und, schwupps, waren die Jugendlichen auch schon weg.

10.04.2018

FÖHR „SCHIETWETTER"

„Schietwetter" steht auf einer Karte, die ich meinem Freund geschrieben habe und „Schönwetter" ist das heute nun mal gar nicht. Ich sitze im Kurhaus, und ich sehe tausend kleine weiße Schaumkrönchen auf dem Wasser blitzen. Herrlich... dementsprechend aufgewühlt ist auch die See. Stürmisch, sehr stürmisch...

Ich beabsichtige, diese Karte an einen gewissen Herrn zu schreiben. Er freut sich sicherlich.

Tausende kleine Schaumkrönchen. Es ist ein tolles Schauspiel. Aber wehe, die Tür vom Kurhaus geht auf. Leute kommen und gehen...
alle vermummt und dick eingepackt... tja und ich müsste gleich auch nochmal raus. Das machen wir schon. Ein älteres Paar ist göttlich. Sie machen alles mit Ruhe. Das wünsche ich mir auch, alles mit Ruhe zu genießen.
Der Film „Wunder" hat mich beeindruckt.

Ein tierischer Sturm hat sich für 2 Tage angekündigt, so dass ich am 11.4.2018 nur mit dem Bus rund um die Insel gefahren bin.

Föhr ist...

...auch mal rau!

Nur wer ein Auge dafür hat, sieht etwas
Schönes und Gutes in jedem Wetter
er findet Schnee, brennende Sonne,
Sturm und ruhiges Wetter schön, hat alle
Jahreszeiten gern und ist im Grunde damit
zufrieden, das die Dinge so sind wie sie sind.

Vincent van Gogh

11.04.2018

Er hat geschrieben

„Halt dich, Elke, gut fest," schreibt „ER" Wie süß...

Elke: „Kein Problem!
Nur „draußen" geht die Post ab. Und da müsste ich jetzt durch. Noch bin ich aber hier in der Touristen-Info. Es ist nur so, ich kann, wenn ich Bus fahre, nicht auf mein Handy schauen; weißt du, was es dann gibt: dreimal darfst Du raten?! Speisekarte rückwärts, hihihi...
Das kann ich gar nicht gut.
Ich wünsch dir was von Elke." 😘

„ER" 🌞

12.04.2018

„Alte Dame auf der Bank"

Der letzte Tag auf FÖHR. Ich liebe die Insel. Ich sitze am Marktplatz, meinem Lieblingsplatz. Ja,man kann sagen, inzwischen meine 2. Heimat. Wer weiß das denn schon. Maybe!

Die Wellen, wenn sie nicht wären! Das Klima ist sehr rauh. Und trotz des Windes sitze ich auf der Bank und schaue wieder zu. „Ganz meinerseits", kann ich da nur bestätigen. Da sitzt eine alte Dame neben mir auf der Bank. Ich traute mich nicht zu fragen, wie alt sie ist. Dabei würde ich das sehr gerne wissen. Wir kamen ins Gespräch. Sie überlegte nicht lange, und erzählte, dass Sie schon 89 Jahre alt ist. Sie fährt noch Auto und hat ihren Mann auch noch an ihre Seite. Ich staune, so ein Paar, wo findet man es noch.

So möchte ich unbedingt enden oder fortgehen in eine andere Welt... Wer weiß es denn schon?

Die Wellen sind mega hoch. Es ist traumhaft schön...

Wirklich cool, wie die alte Dame drauf war. Sie ging schließlich einen Kaffee trinken, denn es wurde ihr viel zu kalt, um es bei diesem Wind noch länger draußen auszuhalten. Wow... beachtlich, beachtlich!

13.04.2018

FÖHR „WECKER"

Ich habe nicht geschlafen. Ich hatte meinen Wecker ja nicht dabei. Ihr könnt es euch sicher vorstellen, warum nicht! Ja, ich hab ihn wie gesagt vergessen... den Wecker! Oh, wie mich das wieder nervt!

Ich weiß noch gut, dass die Tochter der Chefin **(Aphasie)** mich zum Schiff gebracht hat. Da kommt die Schaffnerin und ich frage noch, ob das der richtige Zug wäre. 🤭
„Klar", sagte sie. Kauderwelsch habe ich geredet. Dabei wollte ich nur wissen, ob ich hier im richtigen Zug, im richtigen Abteil sitze. Eine sehr nette Dame hat mir in den Zug hinein geholfen.

HUSUM... Ich bin sehr, sehr müde. Aber schlafen ist nicht drin, weil ich alles mitkriegen möchte.
„ER" hat sich bedankt, für meine Karte. Sehr herzlich, wirklich.
Wir sind in HAMBURG und wir haben 12.45 Uhr.

OSNABRÜCK... der Zug, mit dem wir fahren, ist sehr voll. Die eine Dame runzelt dermassen die Stirn. Das Kind soll gehorchen. Man müsste sich wieder vorbereiten, auf das ganze Theater oder wie soll man es nennen? **(Aphasie)**

Die Rückfahrt war katastrophal. Ich hatte alles geregelt vorher... **(Aphasie)** Platzresevierung etc... Aber nichts dergleichen hat sich wirklich entwickelt wie geplant. Tatsächlich hat mir eine Dame geholfen...

Schöne Bescherung! Aber gut! Die jüngste Tocher kam mich abholen und wir haben uns köstlich amüsiert über das eine oder das andere. Letztlich war ich froh, wieder zuhause sein zu dürfen.

18.04.2018

Es ist mir alles viel zu viel.

Mittwoch gehe ich Vorlesen in der Kita. Aber liegt es am Wetter? Ich kriege mich schlecht in den Griff. Ich weiß es wirklich nicht. Das hat mir nie etwas ausgemacht.
Oder ist es das tatsächlich das Alter? Da müsste ich mich dann aber dran gewöhnen.

Montag im „Gymnastikstudio", schon auf dem Weg dorthin! Oh, man, alles „DAS" ist normal für die anderen. Ich glaube aber nicht mehr für mich. Ich stelle mich um. Ich werde ruhiger.

... und siehe da... es geht.

21.10.2018

Himmelskleider Föhr

Der Himmel wechselt häufig seine Kleider:
Mal hüllt er sich in dicke Kissen ein,
Dann wieder trägt er einen Schleier
Mit Watteböllchen, zart und fein.

Er mischt gerne seine Kleiderstücke :
Hier trägt er weiß und dort ein bisschen blau,
Und über beide wirft er einen Mantel,
Gewebt aus dichtem regengrau.

Das ruhige Wasser ist ein großes Spiel.
Erst schaut er sich das alles staunend an,
Dann spielt es mit dem Glanz der Himmelskleider
Und freut sich dran.

Susanne Brandt

Möwe im Wind

Kennst Du das Spiel
Zwischen Möwe und Wind?
Ich glaube die beiden
sind ein Liebespaar.

Sie kommt vom Lande,
Er kommt vom Meer.
Sie fliegt nach Süden,
Er hinterher.

28.10.2018

FÖHR- ALLES ÜBER BORD

Sonne pur. Ich sitze am Hafen, mitten in der Sonne. „Betreten auf eigene Gefahr", so steht es auf dem kleinen Schild. Was immer das auch heißen mag... Am 28.10. müsste es ultra-kalt draußen sein. Aber wieder ist es sooo wunderschön. Ich bin unmittelbar am Meer und ich sehe genau was passiert. Ich habe mir gestern auf dem Nachhauseweg überlegt, mal nach Amrun zu fahren. Doch wie ich bin, ist wieder nichts daraus geworden. Pech... ja!
Es müsste jetzt Flut sein. Wunderschön... von einigen Menschen hier mal wieder ganz abgesehen. „Die hält schon viel Kühle ab", sagte ein Herr zum Kind. Es wollte lieber die Mütze auslassen, doch besser ist besser. Am besten sind noch die Kinder, die den Moment ohne Einschränkung genießen, ganz unbeschwert oder sorglos. Sie tun noch das, was sie wollen. Der Vater hat einfach nicht begriffen, um was es hier geht, tatsächlich.
Wieder fährt eine Fähre, ich glaube, sie kommt von Amrun. Ich glaube...
Ich liebe das alles, das heimliche Betrachten über das Ganze. Ihr wisst jetzt sicher nicht, wie ich es meine? Schauen über die Dinge. (Über den Dingen stehen). Mal einfach alles vergessen oder auch einfach zu träumen. Ja... einfach mal die Seele baumeln lassen, wie man es so schön beschreibt.
Balu, so heißt der Hund, freut sich tierisch und springt, hüpft rauf und runter; er freut sich des Lebens. Habe ich das nicht von jemandem gehört? „Freue dich des Lebens und werfe alles über Bord...", meinte „ER".

Als ich in den Rucksack schaute, lacht mich die dicke, fette Prinzenrolle an! Nein, nein,... weiß der Kuckuck, wann ich sie endlich geöffnet habe.
Und wieder muss ich lachen, wofür ich echt nichts kann. 🙂
Während die anderen Leute um mich herum die Welt nicht mehr verstehen. Peinlich! Peinlich!

01.10.2018

FÖHR „KLEIN HELGOLAND"

Ich flaniere in „Klein Helgoland". Das Cafe am Meer. Prachtvoll schön... Auf der Tour dorthin, hab ich nichts Süßes zu mir genommen. Da gab es nur Blicke, wie schön und gemütlich es in diesem Cafe ist. Das ist unglaublich großartig und dann diese Aussicht! Wunderbar. Das Cafe liegt am Rande des Wassers. Ich hab geschworen, dass ich erst ein bisschen arbeiten muss, also zuerst LAUFEN. Ich bin schnurstracks geradeaus gelaufen, um noch ein paar Kilometer zu gehen. Auf der Skala sind es 2,020km. Denn die Kilometer muss ich ja auch noch zurückgehen.

Und so setzte ich mir ein Ziel: ein Stück Kuchen sollte die Belohnung sein, draußen... mitten in der Sonne. Wow... und rundherum das tolle Meer. Schön war es...

30.10.2018

FÖHR „SCHAPERS“

Diesmal bin ich nicht im PITSCHI'S, sondern in der Kneipe ein bisschen weiter weg. Es tut gut, die wahnsinnig gute Luft wieder zu spüren. Die Menschen da draußen und es wird Flut sein... may be!

So ist es mit der Sehnsucht. „ER" hat die Karte bekommen. Ja, ich habe tatsächlich geschrieben, war da nicht ein bisschen Sehnsucht! Er hat die Karte bekommen und sich tierich gefreut!

Die Kneipe heißt „Schapers"... Das Wasser kommt immer näher.

Ich bin wieder überglücklich! „ER" hat gesagt: „Gute Nacht, liebe Elke, und süße Träume wünsch´ ich Dir." Ich weiß nicht, was ich dazu sagen soll... und wieder fange ich an zu träumen...

23.10.2018

FÖHR - DER BÜRGERMEISTER

Das Wetter spielt heute nicht mit. Sturm und Regen. Ich ziehe mich dementsprechend an und sitze aber im Kurhaus.

Trotz alledem kann ich besser schreiben auf einmal. Es ist sagenhaft, wie sich eins zum anderen ergibt.

PITSCHI'S, die Kneipe, hat heute leider zu. Das ist Wahnsinn, wie beeindruckend das Meer in dem Moment ist. Mal scheint die Sonne. Aber es wirkt ganz anders, vor einer halben Stunde, das Meer, es schimmert. Das ist wie gesagt nur eine Momentsache. Denn jetzt regnet es in strömen.

Auf einmal kann ich besser schreiben!

Dabei habe ich die Gelegenheit genutzt, mal den Veranstaltungsleiter, also den Bürgermeister von Wyk auf FÖHR persönlich in seinem Büro im Kurhaus kennen zu lernen. Wir machten uns bekannt. Sehr nett ist er... „ob denn alles klar geht mit Donnerstag?" Ja, „Denn ich habe einen Vortrag", meinte ich.

Guten Abend, liebe Elke

„Das hört sich gut an. Lass Dir die Seeluft um die Nase wehen, werf´ alles über Bord, was nicht mehr zu Dir gehört. Und: freue Dich Deines Lebens.
Viele Grüße sendet M... 🌞

... und ich kann mich leider am Abend nicht mehr gut ausdrücken oder konzentrieren, sonst hätte ich ihm glatt eine sehr schöne Whatsapp zurückgeschrieben...

23.10.2018

Im Pitschi's ohne Geld

Das ist grandios und schwupps, ist die Sonne weg vom Wasser. Sie spiegelt sich in dicken Kissen im Meer wieder. Es ist bereits 16.00 Uhr und ich bin sehr müde, doch wenn ich dann draußen bin, bin ich auch sehr, sehr glücklich...

Mein großes Plakat hängt auf im PITSCHI'S. Smileys lachen mich an und draußen regnet es wie blöde. Und schwupp die wupp, wie kann es nun anders sein, ist im PITSCHI'S alles besetzt (...oder ist es jetzt nicht richtig beschrieben?). Ein kunterbuntes Geplappere und draußen bewundere ich die See. Es ist fantastisch, wie alles strahlt.

Sugar Balls... **und ich habe mein Geld einfach vergessen (Aphasie?).** Mannomann, mein Kurzzeitgedächnis... da kam der Chef, und es riecht verdächtig nach Pommes frites mit Currywurst. **Puffpaff (...oder wie schreibt man es wieder...?)** 🤭 hört es auf zu regnen.
Die Locken..., die farbigen Locken... und das goldene Haar des kleinen Mädchens sind toll.

26.10.2018

Smileys

Hochhackige Schuhe! Wo sind wir denn hier gelandet? Wieder schweift mein Blick über das Meer. Es ist unbeschreiblich schön und die Musik wieder: „...and when the sun beginn to fall".

...und wieder falle ich in Gelächter und ich weiß nicht, warum es so ist. Hier vorne, direkt einen Tisch weiter, sitzt ein Herr, der denkt auch, die Frau nebenan hat sie nicht mehr alle. Dort drüben hält ein Mädchen einen Smiley direkt vor ihre Nase. Hihihi... Das sieht so gut aus.

Ich glaube, es ist ein Franzose und die Partnerin ist eine Deutsche. Die Dame, die von draußen hereinkam meinte, ich solle den Rest von meinem köstlichen Wasser unbedingt draußen trinken, um die gute Luft zu inhalieren und das Rauschen des Meeres zu genießen. Da läuft gerade Hund Cherry vorbei mit einem Stöckchen im Maul... Das ist Wahnsinn, wie sich alles ähnelt.
Und jetzt schweift mein Blick wieder über das Meer. Das Kind muss eine Mütze aufziehen sagte der Vater... Das sieht aber echt nicht gut aus, schmunzelte das Kind.
Dann streichele ich einen Herzenbrecher, einen grauweißen, langhaarigen Hund.
Und wieder bin ich nicht in der Lage, vernünftig durchzuschreiben. Es ist nicht drin zur Zeit. Ich meine das SCHREIBEN.

...und wo haben sie die vielen Smileys versteckt?
Ein Haufen voller Smileys ...

31.10.2018

FÖHR „SPINNT"

Kurzzeitgedächtnis: wie ich es hasse!

Ich mache Pause am Hafen, wo die Uhr steht und wo ich seelenruhig auf das Meer blicke. Jede Menge Menschen sind unterwegs. Heute morgen habe ich mich mit einigen Damen unterhalten, bis ich auf einmal sagte, wie aus... **(...oh man, wie ich es hasse, Kurzzeitgedächtnis)**
...ich weiß gerade nicht, wie das Wort heißt, dass ich suche. Das kann nicht war sein... im Prinzip, weiß ich auch nicht mehr, was ich sagen wollte... und das passiert so oft. Es passiert mir immer und immer wieder und ich kann es nicht ändern.

Dann gehen beide Arme in die Höhe und ich könnte mich selbst verurteilen. Und nach einiger Zeit, fällt mir das Wort wieder ein!
Seltsam, seltsam...

... wie aus der Pistole geschossen! (Na, es geht doch: „Die Dame, die spinnt!" ...und dann war es aus mit uns... wir konnten nicht mehr vor lachen, denn richtig war, wir unterhielten uns über Wolle, was mich total fasziniert, die Wolle, sie .... „spinnt" ...und sie macht dann supertolle Kleidung zum Anziehen... Neee, neee...
Und ihr habt es nicht verstanden oder doch?

„Guten Abend, liebe Elke".

„Vielen lieben Dank für deine Nachrichten.
Ja, die Zeit vergeht wie im Flug. Möge der Start in deinem zuhause gelingen. Komm gut an.
Viele Grüße sendet M....

Dankeschön, lieber M..., Dir auch eine gute Zeit.
Elke

Er:

Ich:

05.11.2018

Fahrkarten bidde

Diesmal wollte ich wirklich nach Hause. Ich weiß auch wieso! Die Therapien sind immer das A und O. Die Logopädie vor allen Dingen. Also, ohne Therapien geht es einfach nicht.

Ein nettes Paar hat mich begleitet von Wyk bis Hamburg-Altona. Sie sagten, dass sie Urlaub auf Mallorca machen. Der Zug von Hamburg-Altona fuhr vorwärts. Und ich kann euch sagen, wie froh ich gewesen bin, dass das so war. Ein Angestellter hat mir geholfen, beim Ein- bzw. Aussteigen. 16.00 Uhr haben wir und ich möchte nur schlafen.

„Fahrkarten bidde!" und ich zückte meine Karte - total zerknittert. Da sagte der Schaffner: „Ja, so gehen die kleinen Mädchen damit um" (...mit den Fahrausweisen), in seinem norddeutschen Platt. Die Dame, die mich begleitet hat von Wyk auf FÖHR, meinte dann, ich solle das unbedingt vortragen beim Fernsehen. Das mach´ ich...
Das ist mein nächstes Ziel.
Es ist wichtig, Ziele zu setzen. Das habe ich wie gesagt, in der REHA für Schlaganfall gelernt.

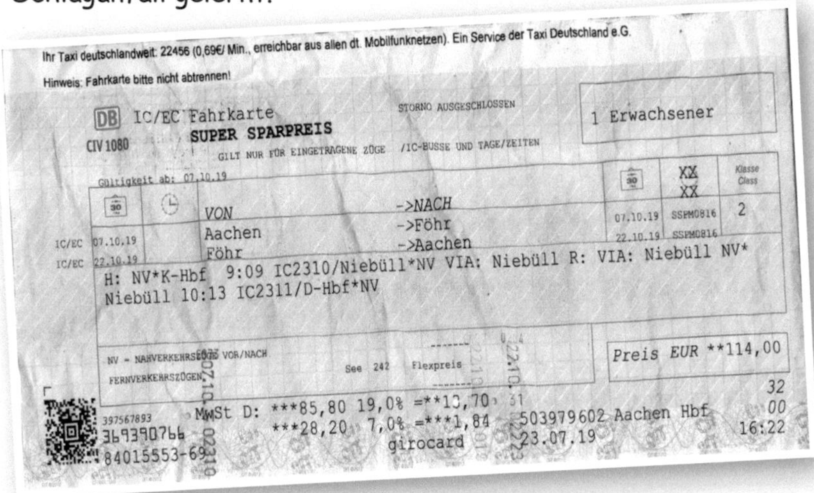
Ihr Taxi deutschlandweit: 22456 (0,69€/ Min., erreichbar aus allen dt. Mobilfunknetzen). Ein Service der Taxi Deutschland e.G.
Hinweis: Fahrkarte bitte nicht abtrennen!

DB IC/EC Fahrkarte
SUPER SPARPREIS
CIV 1080
STORNO AUSGESCHLOSSEN
GILT NUR FÜR EINGETRAGENE ZÜGE /IC-BUSSE UND TAGE/ZEITEN
1 Erwachsener
Gültigkeit ab: 07.10.19

			VON	->NACH			Klasse Class
IC/EC	07.10.19		Aachen	->Föhr	07.10.19	SSPM0816	2
IC/EC	22.10.19		Föhr	->Aachen	22.10.19	SSPM0816	

H: NV*K-Hbf 9:09 IC2310/Niebüll*NV VIA: Niebüll R: VIA: Niebüll NV*
Niebüll 10:13 IC2311/D-Hbf*NV

NV - NAHVERKEHRSZÜGE VOR/NACH FERNVERKEHRSZÜGEN
See 242 Flexpreis
Preis EUR **114,00

397567893
36939076б
84015553-69
MwSt D: ***85,80 19,0% =**13,70
28,20 7,0% =1,84
girocard
503979602 Aachen Hbf
23.07.19
32
00
16:22

Der Mensch macht gewöhnlich drei Reifestufen durch.
Zuerst lernt er die richtigen Antworten.
Im zweiten Stadium lernt er die richtigen Fragen,
und auf der dritten Stufe lernt er,
welche Fragen sich überhaupt lohnen.

(Verfasser unbekannt)

25.11.2018

Das beigefarbene Gummiteil

Ich weiß jetzt auch, wo das beigefarbene Gummiteil hingehört. Zum Kaffeekännchen müsste es passen. Nur, wo ist es jetzt wieder, das beigefarbene Gummiteil ?
Wo ich mir doch permanent den Kopf zerbrochen habe, woher „es", das beigefarbene Teil, kommt. Das weiß ich jetzt wieder. Bingo!!!
Dass es für die kleine Kaffeekanne ist, wusste ich erst nicht... nur, bitte, wer hat „es" da aus dem Küchenschrank herausgeholt? Das kleine beigefarbene Gummiteil. Wenn ich das wüsste? Und wenn ich jetzt noch wüsste, wo das kleine beigefarbene Gummi wieder ist...?

Das kleine Kurzzeitgedächtnis... das blöde Kurzzeitgedächtnis.

Meine kleine Kaffeekanne, möchte leider noch was ohne das beigefarbene Gummiteil auskommen. Ich weiß nämlich nicht mehr, wo ich genau „das" wieder hingelegt habe... Wieder mal typisch für mich.
Es liegt bestimmt irgendwo in der Nähe. Da bin ich mir sicher. Ich werde dieses kleine, beigefarbene Gummiteil dann in die Kaffeekanne einsetzen. Da bin ich mir ganz sicher! Wenn mir dann wiederum einfällt, wozu „das Gummiteil" nochmal gehört.

Sozusagen ein dramatischer Kreislauf.
Dann gehen meine Arme hoch und ich denke einfach nur: „Mein Gott..."

12.01.2019

„WEITERKOMMEN"

Seitdem ich schreibe geht es mir besser!

In Robert Betz Kalender steht am 12.1.: Wenn du dir eine andere Welt wünschst, dann fang damit in der kleinen Welt an. Sei Du selbst die Veränderung, die Du Dir wünschst. Das tue ich praktisch...

Seitdem ich wieder „schreibe", geht es mir in ALLEM wieder besser. Ich meine das zumindestens. Es ist „mehr" geworden, ich meine das Gehen, die Schnelligkeit und vieles mehr. Ich habe einen Schub nach vorne gemacht. Das ist mega-super...

Das Gehen ist besser geworden, trotz meiner Schmerzen in der rechten Hüfte. Meine Schnelligkeit ist meines Erachtens auch ein wenig besser geworden, obwohl ich dies nicht direkt spüre. Also, es ist minimal alles besser geworden. Leute, wisst ihr, es ist für mich wieder ein Wunder. Alles bewegt sich nach vorne. Ich meine die Aphasie, alles bewegt sich wieder ein kleines Stückchen nach vorne. Das ist sooo einzigartig und das sehe „Ich" als ein kleines Wunder an.

Ja, es geht wieder voran mit mir, könnte ich jetzt sagen!
Aber, trotzdem da ist noch die Aphasie, die mich echt dermaßen stört oder in der ich immer leben werde. Wenn Du zum Beispiel ein bestimmtes Wort suchst, du es aber nicht findest! Da möchte ich vor Scham im Boden versinken. Ich möchte sozusagen an den normalen Gesprächen „ganz" teilhaben, ohne das etwas auffällt!

... und wenn da nicht die Angst vor der 2. rechten Hüft-Op wäre, die jetzt ansteht! Nur, was sollen die „Anderen" sagen, Samuel Koch zum Beispiel, der von einem auf das andere Mal, bei Gottschalks Sendung in Sekundenschnelle gelähmt war. **(Aphasie)**
Also, was sollen die Menschen sagen, die noch viel schlimmer dran sind, als ich?

... und dann sagt da wieder eine nette Freundin zu mir: „Du kannst sprechen so halbwegs, gehen so halbwegs und Du kannst endlich wieder richtig gut LACHEN!" Stimmt, da hat sie sooo Recht. Es gibt keinen Tag, wo ich nicht gelacht habe. Außer, wenn ich operiert werde bald. Da hab ich permanent Angst.

... und ich höre auf einmal wieder Musik
Musik von HAVASI, ein unübertrefflich, schönes Klavierstück „A Journey to tihany" oder „Dragon Live at Budapest Arena" oder „We're on the way total you!" „See you soon"...von außerordentlich guter Qualität... oder „In the Act of Creation" oder „A Hungraian in Paris" oder „Dusty Road"...

Auf einmal höre ich wieder Musik!

Ich weiß auch nicht, wie ich da dazu gekommenen bin, von meiner Aphasie zur Musik?
Das ist auf jeden Fall ein Traum hoch 100. Ich meine die Musik (HAVASI) und meine Welt daneben. Das sind Kleinigkeiten, die ich brauche, alles immer wieder interessant zu machen, sich neuen Herausforderungen zu stellen - und ich liebe das interessante Leben.
Auch Nachrichten: da war eine Zeit vor dem Schlaganfall, da hätte ich im Leben nie damit gerechnet! Ihr wisst, was ich meine oder nicht? Mit anderen Worten, es ging nicht in meinen Kopf...

Markus Lanz: Ich kriege jedesmal die Themen der Sendung mit, wie zum Beispiel „Brexit" oder andere Themen und ich kann euch sagen, ich interessiere mich jetzt für viele Themen!

Nachrichten: Ach, es fehlt Geld im europäischen Haushalt! Subventionen! Grossbritannien! Theresa May! Brexit! EU soll wirtschaftlich bleiben... Strategie...
Brexit soll bis März beendet sein! Eine neue Aufgabe... eine neue Strategie... Irlandfrage ist ungeklärt... für die Bürger sollten sie was tun...
Die Grenze zwischen Irland und Großbritannien sollte geöffnet bleiben.

Junge Menschen um die 25 Jahre möchten mitdiskutieren. ...über diese Katastrophe für die EU... Solidarität mit MAY! **So langsam steige ich dahinter.**

Und wie gesagt, ich sollte das Leben um mich herum nie vergessen. Ich spreche da besonders von meiner Familie und meiner Ma! Sie werden alle älter und ich auch, nur merke es nicht so sehr.

13.01.2019

Geburtstage

von lieben Freundinnen/Logopädin

Heute freue ich mich besonders auf die Logopädin Nr. 1. Denn sie hat ein Baby bekommen und ich habe sie noch nicht besucht. Am 11.1. hat meine Gymnastiklehrerin und meine Ersthelferin Geburtstag! Wenn ich das nicht aufschreiben werde, vergesse ich das dann schon wieder. Wie gesagt, das Kurzzeitgedächtnis!

Hihi... Ich weiß noch, das ich am 12.1. die Nächste bin, die Geburtstag hat. Das vergesse ich dann doch nicht.

Dann besuchen wir endlich meine erste Logopädin zusammen mit ihrer momentanen Vertretung. Da wusste ich wo ich hingehöre, nämlich zu meiner Logopädin Ines... auch ohne, dass sie mich letztendlich wieder gefragt hat.

... und ich erzählte und erzählte von hier und da. Sie hört genau „das Logopädische" heraus. Sie fragte mich, ob sie mich dieses Jahr wieder logopädisch betreuen dürfte! Da hab ich nur noch gelacht und ich hätte fast gesagt: „Wann fangen wir an? Ich kann es kaum erwarten, bis es wieder los geht"... und dann lagen wir uns in den Armen.

Jedenfalls hab ich mit meiner jetzigen Logopädin gesprochen . Sie sagte mir, es wäre alles in Ordnung, also kein Problem, wenn ich zu Ines zurück gehen wolle! Die meisten Patienten haben tatsächlich ein enges Band zur ersten Logopädie geschaffen. Da wäre sie nicht böse drum. Im Gegenteil.

Da dachte ich: das sind sie wieder diese Kleinigkeiten.
Danke, danke, danke, danke, danke, danke, danke, danke.

16.01.2019

„Er" - Handy

Guten Morgen liebe Elke
Leider stehe ich nicht zur Verfügung.
Einverständnis vorausgesetzt, melde ich mich, sobald ich wieder zuhause sein werde. Viele Grüße sendet M...

Lieber M...
„Pass auf dich auf"!
Elke

Lieber M...
Zur Erinnerung: ich habe am 1.2. die rechte Hüfte OP. Ich weiß, du bist auf großer Fahrt und ich kann verstehen, dass Du im Moment auch die Zeit für Dich brauchst! Ich wünsche Dir alles Gute und nutze die Zeit, die Du benötigst von ganzem Herzen von Elke.

Guten Morgen, liebe Elke
Das siehe oben, habe ich nicht vergessen.
Diese Woche ist „dicht". Außerdem steht eine Geschäftsreise an.
Ich melde mich.
Einen guten Start in den Tag wünscht M...

Ich danke Dir und wünsche Dir einen erholsamen Tag, Elke

Das war das letzte Mal, dass ich geschrieben habe... Ich lasse es drauf an kommen. Er sagt, er meldet sich. Ich meine, wo gibt es denn so was Phantastisches wie ihn? Er bemüht sich, ganz auf das Persönliche von mir einzugehen. Er ist sehr hilfsbereit und freut sich, wenn er mit mir schreibt (z.B. als ich in FÖHR gewesen bin). Aber er kann auch nicht anders! Ich meine, da sind viele Reisen dienstlich, dann schreibt er nur kurz. Ich bin da und da, sagt er. Er müsste auch nicht schreiben!

Er wollte dienstlich vorangekommen! Ich denke, dass tut er auch. Das lässt ihn strahlen, so könnte ich es mir vorstellen.

Und dann kommt da doch die Frage, ob er mich tatsächlich noch sehen möchte? Mag er mich überhaupt noch? Dass sind so Fragen, die lassen mich nicht in Ruhe! Ich lerne weiß Gott auch, dass ich mich alleine, auf mich konzentrieren müsste. Aber es geht nicht immer so. Und praktisch sind wir ja auch nur freundschaftlich in Verbindung.

Ich warte sehnsüchtig auf diesen Tag, wenn wir uns sehen werden! Ich hoffe... und hoffe... und hoffe...

...und er kam vorbei. Es war unglaublich.
Fantastisch! Mein Herz!
Da waren sie wieder, diese KLEINIGKEITEN,
die mich umhauen.

Kleinigkeiten die mich umhauen!

Freude auf beiden Seiten war kein Ausdruck bei dieser Begegnung!

Wir haben uns innig umarmt!

24.01.2019

WENN LIEBE BLIND MACHT

Eine Flasche Eierlikör hat er mir mitgebracht! Wie süß ist das denn bitteschön! War es nur ein Traum oder war es Wirklichkeit? Ich glaube im Mai letzten Jahres ist er zu mir gekommen. Also keine Utopie, alles echt... wie toll, er ist endlich da!

Heute war sowieso ein jecker Tag. So bald da eine Änderung im Ablauf ist.

Donnerstag: Ich habe Physiotherapie. Ein junger Herr war da. Heute nicht wie gehabt oder wie gewohnt der Chef des Hauses. Ich bin dann nicht in Raum 1 gewesen, sondern in Raum 2. Und dann zeigte ich auf den jungen Herrn hin, so mit dem Finger, und sagte ohne mit der Wimper zu zucken, „haben wir das Vergnügen jetzt?" Und da lachten wir aus vollem Hals. Junge, Junge, wie peinlich. Wir haben uns halb totgelacht, ohne dass es einen Begründung gab! Oder doch?

Dann habe ich Andrea versetzt. Allerdings wusste ich es erst, als das Handy klingelte, während ich brav meine soundsovielte Runde fuhr auf dem Fahrrad... diedum diedum... Ich weiß heute auch nicht, was mit mir los war.

Und als ich mit Fahrradfahren fertig war, stieß ich an die Hanteln... boing... da lag ich da... Oje, wie mega-peinlich das jetzt alles war. Und ich lachte, dass sich die Balken bogen... und ich konnte nichts dafür! Versteht ihr mich? 😘

Wenn Liebe blind macht

Also, alles in allem... Hochachtung! Oder wie sagt man es? Wie er sich gibt? Alle Achtung. Ich meine, ich habe ihn sehr lange nicht gesehen. So mal auf den Punkt gebracht. 😍

Als ich ihn von weitem gesehen habe, konnte ich nicht mehr anders, als das ich zu ihm runter rennen musste. Ich bin ja ein wenig gehandicapt. Am liebsten hätte ich ihn geküsst. Dann sagte ich, dass wir uns von Mai letzten Jahres nicht mehr gesehen haben! Dann hakte ich mich ein und wir sind unsere 10 km, wie er sagte, gegangen. Wir lachten beide... Er hat einen trockenen Humor; meine ich zumindest!

Wir haben es uns richtig gut gehen lassen!

Ich möchte mehr von ihm erfahren; um ihn besser kennenzulernen! Wir haben es uns gestern so richtig gut gehen lassen. Nein, nein, nicht das was ihr jetzt denkt! Ich meine, dass wir uns sehr gut unterhalten haben, sowohl er, als auch ich. Das macht viel aus. Wer meine Geschichte von früher her kennt, weiß, das alles ist nicht ohne.

Bong... da war sie wieder, die eindeutig dümmste Frage der Welt: „Gibt es da nach andere Damen, die Du gerne magst?" Er sagt glatt: „Ja gibt es, massenweise gibt es andere Frauen." Er mit seinem trockenen Humor, weiß der Kuckuck, was er in dem Moment gedacht hat? Boah, und ich war am Erdboden zerstört, weil ich gerne eine andere Frage gestellt hätte, wisst ihr?

Deshalb... ich wollte schnell ein anderes Thema suchen.
Wie kleinkariert ich wieder war! Grausam!
Er sagt, dass ich angekommen bin.

Bin ich wirklich angekommen, wie er es sagt? Ja, möchte ich meinen. Doch nur, wenn wir uns ein bisschen öfter sehen werden, zum Beispiel einen Spaziergang machen oder essen gehen zusammen oder... oder... oder... so Kleinigkeiten halt, dann wäre alles gut. Hat er gesagt, er könnte es sich vorstellen, mit mir an den Strand zu fahren oder eine Woche nach Helgoland oder war es Utopie? Oder im Gras liegen, einfach so...

Es wäre mein größter Wunsch, auch mal wieder zu zweit sein zu dürfen. Und wieder die Seele baumeln zu lassen, zu zweit. Maybe. Außerdem bin ich ganz relaxt, wenn ich da an vorletztes Mal denke. Ich meine, als er bei mir gewesen ist... **Ich konnte mich nicht so richtig ausdrücken. Merde, merde...**

Und heute wirke ich wirklich total relaxt. Er hilft mir...
Es machen die spezialhomöopatischen Mittel aus, die ich nochmal bekommen habe heute. So super relaxt war ich lange nicht mehr. Komm´ ich heute nicht, komm´ ich morgen...

So traumhaft schön ist es jetzt... Ich bin angekommen, sagte er. Das ist richtig, ohne dass ich es wollte. (oder wie sagt man?) Wie er da sitzt, mich antreibt, so mit seinen Augen! Er hat eine sehr feine, aber eindeutige Art an sich, die ich (leider) auf meine Weise liebe.
Es lässt mich nicht mehr los...!

Übrigens, er liebt das Wort „merde" genau wie ich es tue und reibt sich beide Hände ins Gesicht und meint in punkto seiner Tochter: „Sie müsste ihren eigenen Weg gehen!"

Das sind sie wieder, die kleinen „etwas", die mich nicht mehr loslassen...

Er war bei mir zu Hause und es gibt keinen Moment, indem ich nicht auch meine Belange, sprich Familie, Geburtstag usw. „selbständig" ausführlich berichtet habe. Ich glaube, dass freut nicht nur mich...! Er sagt, auf einer Skala 1-10 wäre ich sehr weit vorangekommen! Der Besuch ging sehr schnell vorüber!

Als er ging, blickte er nochmal nach oben, um zu mir heraufzuwinken! Wer hätte damit gerechnet? Ich meine, wo gibt es so was noch bitteschön! Wer macht das noch, raufsehn und zuwinken!
Ein Herr der alten Schule. Und das liebe ich so an ihm.

Ich konzentriere mich wieder auf mich selbst. Da hab ich lange Zeit für mich gebraucht, ehe ich das verstanden habe. Ja, es sind Kleinigkeiten, die mich regelrecht vorangebracht haben und ein bisschen Mut habe ich von „ihm" mit Sicherheit auf den Weg bekommen.

Es sind die Kleinigkeiten, die mich aufbauen...
Ich möchte im Prinzip diese Kleinigkeiten mit ihm teilen!

Dankeschön, dass es dich gibt!

Er sagt, was er denkt. Das ist überwältigend, fantastisch! Ich trink auf Dein Wohl, M... Es wird weitergehen mit mir und weitergehen mit Dir.

Meine ganzen Utensilien und Geschenke, d.h. alles das, was ich zur Zeit mitbringe aus Föhr etc., wird er sich auf eine kleine Anrichte stellen...

Wisst ihr, ich meine wieder die Kleinigkeiten sind es, die mich umhauen.

Dankeschön, das es dich gibt.

KOFFER PACKEN

Klinik Koffer

Waschzeug
Medikamente / Strümpfe
Nachtwäsche
Freizeitkleidung
Unterwäsche
Joggingjacke
Beschäftigung
Ladekabel + Handy
Hausschuhe

Reha Koffer

Freizeitkleidung
Badesachen
Bademantel
Sportsachen
Mütze / Schal / Handschuhe
Schuhe

Andrea

29.01.2019

Anästhesie

Heute fahre ich mit Andrea zum Franziskus-Hospital: Blutentnahme, EKG und Anästhesie...

Herrlich! und wieder wusste ich alles **Aphasie...**
Bei der Annahme sagte sie (ich weiß gerade nicht, wie man sie nennt... Schwester... ganz einfach **(Nur eben einen halben Tag länger gebraucht als Otto Normalverbraucher).** Ich kenne sie aber von damals, als meine 1. Hüfte operiert wurde. Da habe ich deutlich weniger geredet und dann auch nicht so flüssig wie jetzt. Kompliment an mich... und das gibt mir wieder mehr Mut und ich freue mich, wie ein kleines Kind.

Lieber M...
Ich bin heute zur Anästhesie gewesen.
So weit ist alles klar. Ich liege am Donnerstag, dem 31.1. eine Nacht auf dem Flur, da sie keine Betten haben zur Zeit. Am Freitag, 1.2. werde ich als Erste operiert. 2. Etage. Ich habe Angst..."
Elke 😚

Liebe Elke
Alles wird gut. Schau zurück, dann hast Du den Beweis!
Herzliche Grüße sendet M...

Du hast so Recht, lieber M...
Dankeschön!"
Elke 😚

30.01.2019

Horst Lichter

Horst Lichter ist es wieder einmal klar gewesen: Das Leben ist kein Ponyhof!
In diesem Buch - ich lese ein Buch - erzählt Horst Lichter seine bewegende Lebensgeschichte und was ihn zum Umdenken gebracht hat. Warum es wichtig ist, sein Leben neu in die Hand zu nehmen, es bewusst zu leben und seinen Humor nie zu verlieren.
Das ist es, den Humor weiß Gott nicht zu verlieren. Es ist nur interessant, wie ich von Hölzchen auf Stöckchen kam und in dem Moment ist alles „weg" oder ich weiss es nicht mehr!

Oje, es schneit noch immer oder es schneit sich langsam ein...

Ich habe einen Tunnelblick, bevor meine Op an der Reihe ist. Morgen muss ich mich zusammenreißen. Ab morgen bin ich in Aachen im Franziskus-Hospital und danach in der Reha in Bernkastelkues. Wenn ich nur schon dort wäre!
Sie nehmen mich als erste dran... Dann bleibe ich auf der Intensivstation und dann so hoffe ich geht es bergauf, dass meinten sie auch bei der Anästhesie.

Ja, dass Leben ist kein Ponyhof, wie Horst Lichter sagte. Es geht mal rauf und es geht mal runter, auch bei mir. Ich bin an einen Punkt, da muss ich abwarten. Ich lege mein Schicksal in die Hände von Professor Dr. **(mein Gott, gestern hab ich es noch gewusst, wie der gute Herr heisst)**
Aber es wird alles gut gehen; und schau zurück, dann hast Du den Beweis!

Das Leben ist kein Ponyhof!

Das ist mein Leitfaden, daran halte ich mich fest... „ER"

Und wenn ich nicht nach oben in das ehemalige Kinderzimmer gegangen wäre, um ganz schnell den Rest Wäsche aufzuhängen, ich hatte schon gedacht, weil es im ganzen Haus unheimlich kalt geworden war, wer hat jetzt bitteschön das Fenster weit aufgemacht? Oder ist es so, weil ich permanent Angst habe?

Ich hätte erst dann gemerkt, als ich wieder Mal Wäsche aufgehängt habe, dass ich das Fenster geöffnet hätte.
Also, wie soll ich sagen, wenn ich oben was zu tun habe, dann muss ich die eine Sache beenden. Wisst ihr, wie ich es meine? Wieder das Fenster schließen.
Ich muss partout Ordnung halten. Sonst weiß es der Kuckuck; nur ich ganz bestimmt nicht mehr.

Ich muss immer jedes Mal ein Teil beenden, so leid mir das tut. Dies ist die absolute Lösung für mich. Alles erst hundertprozentig zu Ende zu bringen.

... und meine Heizung in der Küche, sollte ich auch schleunigst andrehen. Sonst wäre das ultra-kalt geworden, aber wie gesagt, das alles hätte ich vergessen. Einfach vergessen! Wie ich mich selbst dafür hasse, aber letztlich lerne ich auch wieder daraus.

Jedesmal lerne ich daraus... lerne daraus... freundlich lerne ich...

Humor ist mein Leben... mit Humor geht alles viel leichter.

10.04.2019

ER „KÜMMERT SICH"

30.1.2019

Liebe Elke

Alles wird gut. Schau zurück, dann hast Du den Beweis!
Herzliche Grüße sendet M...

Du hast Recht, lieber M... Dankeschön!
Elke 😚

Guten Abend, liebe Elke

Wie sieht es aus mit Dir? Danke für eine Antwort.
Viele Grüße sendet M...

Lieber M...

Ich habe einen Leitsatz von Dir, lieber M... Seitdem geht es mir besser. Diesen Satz nehme ich mit zur OP.: Alles wird gut! Schau zurück, dann hast Du den Beweis! Das ist mega schön von Dir. Ich glaube, ich bin so weit.
Ich kann auch nicht mehr... die Schmerzen, weißt Du? Alles in allem bin ich guter Dinge. Bitte komm, wenn es die Zeit erlaubt.
Elke 😚

Liebe Elke

Danke! Eine gute Sichtweise auf das, was kommt, alles wird gut, wie festgestellt. Ab Freitag bin ich auf Geschäftsreise. So ich zurück bin, melde ich mich. Toi, toi, toi.
Viele Grüße sendet M...

Lieber M...

Pass schön auf dich auf! Aber bitte mache im Geiste eine Kerze an für mich am Freitag...
Elke 😚

„Wird gemacht. Gute Nacht, liebe Elke."
Gute Nacht, lieber M... 😘

Lieber M...
Ich liege auf 215, 2. Etage...
für später... mach es gut.
Elke 😘

Alles wird gut! Er sorgt sich!

Liebe Elke
Danke. Alles Gute wünscht M...

1.2.2019,
Liebe Elke
Magst Du mir sagen, wie es Dir geht? Danke für eine Antwort. Viele Grüße sendet M...

Lieber M...
Wie süß Du fragst! Den Übergang, als ich von der Intensivstation zur normalen Station umgelegt wurde, war glatt zu viel für mich. Ich hatte mit Übelkeit zu tun. Außerdem dachte ich: da denkt jemand ganz besonderes an mich! Ich hatte nämlich Schluckauf...

Jetzt geht es mir besser. Allerdings musste ich heute schon Aufstehen und mich auf die Bettkante setzen. Ich muss Dir nicht sagen, wie das war. Ich war froh, als ich mich schnell wieder hinlegen konnte. Ich denke, jetzt ist es wichtig, dass ich mich ausruhen werde.
Elke 😘

Liebe Elke
Danke. Gute Nachrichten.
Auf eine baldige Genesung.
Viele Grüße sendet M...

Er kümmert sich sehr oder wie man es sagt... er sorgt sich...

03.02.2019

Franziskus-Hospital

Ich kann mir nicht helfen. Da liegt eine Dame die schnarcht. Ich kann nicht aufstehen und ihr ein paar „klatschen". Meine Herren noch! Ich bin erbost.

Ich könnte, wenn ich wollte, aber das Spiel fängt wieder von vorne an mit mir. Ich meine, dass ich nicht LAUFEN kann, wisst ihr. Da dreht sich mir der Magen um und denke ganz viel. Da denke ich besonders, dass es so ist wie am Anfang des Schlaganfalls. Ihr wisst, was ich meine? Aber jetzt ist zum Glück anders... das sind so meine Erinnerungen von damals, also zu Zeiten des Schlaganfalls...

Aber es ist nur eine knappe, kurze Zeit, dann werde ich wieder laufen können. Da bin ich froh. Am Tag, als ich noch auf der Intensivstation gewesen bin, hat man sehr nach mir geschaut. Man muss es sich mal vorstellen. Auf der Intensivstation unterhielt ich mich mit einem Angestellten, der dafür sorgt, dass alle Apparate laufen für schwerkranke Menschen, die dort liegen, unter anderem auch ich. Der Herr, der dort hinten links am Fenster lag, war ein ganz normaler Patient damals. Er war Zahnarzt. Aber jetzt? Er hat eine schwere Lungenentzündung und Alzheimer! Da frage ich mich, wie ist es möglich, dass Menschen so was passiert? Bei mir bessert sich die Lage ja! Aber solche Leute, wie er. Es ist ein Jammer, wirklich.

Guten Morgen, sagte eine Schwester um 7.00 Uhr. Das sage ich sonst auch, nur jetzt irgendwie nicht. Erstens habe ich erst seit 4.00 Uhr geschlafen vor lauter Schmerzen. Allerdings müsste ich mich auch daran erinnern, dass ich nicht gehen kann und auf die Hilfe der Schwestern angewiesen bin. Oje. **Mein Kurzzeitgedächtnis (oder wie sagt man es)** dass ich „vergesse". Das würde in dem Falle super gut passen. Ich meine vergessen würde ich liebend gerne, die ganze

Situation, in der ich bin zur Zeit. Habt ihr mich verstanden? Vergessen.... ist auch mal gut in bestimmten Momenten!

Ja ja, step by step.

... und leider musste ich weinen... Es sind so Kleinigkeiten, die machen es aus.

Ich bin sehr, sehr glücklich, dass ich das alles geschafft habe... Traum, Traum Traum. Da guckt mich die Reinigungsdame eine Afrikanerin an und sah, dass ich geweint habe. Statt in mein Bett zu gehen, rollierte ich mit meinem Rollator eine Runde nach draußen. Und bitte schön, es geht doch!

„Dann haben wir morgen schönes Wetter", meinte die Dame zu mir, die mir das Essen brachte. Ich habe das Essen tatsächlich auf gegessen, während ich es sonst nicht so richtig runter bekommen habe, weil mir übel war. Ich weiß auch nicht, es ist heute, als hätten sie mich sozusagen alle im Blickfeld. Die Schwester, aber auch der Arzt, der mich operiert hat, alle haben ein Auge auf mich. Ich weiß heute, warum das so ist in meinem Falle.

Ich bin sehr glücklich, dass ich alles geschafft habe!

09.02.2019

GEDANKEN

Dadurch, dass ich wieder nichts geschlafen habe döste ich den Tag so vor mich hin. Gestern und heute waren Eins; selber geduscht, eine Runde gehen, Frühstück, eine Runde gehen, Mittagessen, ganz lange Pause gönnen und relaxen und ein bisschen schlafen.

Er sieht ja auch den Beweis, sagte er. Es ist total spannend, was die Zeit ergibt.

Ich glaube, dass ich ohne es zu merken, wieder einen Schritt vorwärts gegangen bin, ohne dass ich gemerkt habe, dass ich einen Sprung gemacht habe nach vorne. Ich bin so dankbar.

Da sind sie wieder, die absoluten Kleinigkeiten
Dankbarkeit, das ist fantastisch.

Heute hat mein Sonnenschein Geburtstag. Sie wird 20 Jahre alt...

Ich habe mich im Gästebuch der Schwestern eingetragen. Sozusagen als DANKESEHR für alles... Alle sehr freundlich, denn sie haben mich zum Lachen gebracht ...

25.02.2019

REHA IN BERNKASTEL-KUES „DER SCHWARZE HUMOR“

Ich kann das rechte Bein zu 100 Prozent belasten! Nur, wie soll ich das tun, da ich, seit dem ich den Schlaganfall habe, es sind schon 5 Jahre her, nie mehr so richtig getan habe. Nur mit Handycap **(dass Wort: bitte verzeiht)**

Oder doch? Ich habe es ausprobiert, nur mit dem einen Dilemma, dass ich das Gehen nie so richtig gekonnt habe! Ich meine, das Auftreten und abrollen des Fußes und die Beugung... und... und... und. Das macht einen Riesenspaß oder auch wieder nicht. Es ist verdammt mühselig. Das könnt ihr mir glauben. Da lerne ich richtig zu gehen!

LAUFEN GEHEN LAUFEN GEHEN LAUFEN GEHEN LAUFEN GEHEN

01.03.19

REHA BERNKASTEL-KUES „PLAN“

In der Reha ist schwimmen, ein MUSS. **(Aphasie ich weiß nicht, wie ich es sonst ausdrücken könnte)**
Ich möchte auf jeden Fall schwimmen gehen in der nächsten Zeit, wenn ich wieder zu Hause bin. Schwimmen gehen und dann die Zeit vergessen... die Beine im Wasser, die sind so schwerelos. Wenn ich herausgehe aus dem Wasser, dann sind die Beine schwer wie Blei!!

So viele Dinge sind sehr sinnvoll. Nur, man muss es tun, bevor es zu spät ist.

Ein netter Herr aus der REHA hat mir dieses Buch geschenkt.
S.J.WATSON - ICH.DARF.NICHT.SCHLAFEN.
...ohne Erinnerung sind wir nichts.

11.03.2019

„ENDLICH"

Ihr könnt euch nicht vorstellen, wie überglücklich ich bin, endlich zuhause zu sein. Die 4 Wochen gingen um, wie nichts. Andrea ist mit mir einkaufen gefahren. Sie kümmert sich sehr um mich. Es geht irgendwie noch alles sehr beschwerlich.

Ich erinnerte mich, also in der Cafeteria in der REHA, erbärmlich, wie die Kranken dort hingingen, gebrechlich, unter anderem ich auch! Wirklich wahr, und dann nach ein bis zwei Wochen, da geht es ab. Hoppla, hopp und das ist nicht gelogen, geht es aufwärts. Die Kranken, waren fast ganz gesund. Wir mussten natürlich dementsprechend trainieren, trainieren, trainieren. Immer und immer wieder... und man sah sie „laufen und laufen". Es war unfassbar!

Ich war eine der Jüngsten, in der Reha.

Hier ist ein „magisches" Blatt: Mein persönlicher Behandlungplan der MEDIAN Klinik Moselschleife.

Mittwoch, 06.03.2019
08.30 Uhr Bewegungsbad
10.30 Uhr Warmpackung
14.30 Uhr Gruppengym. UE

Donnerstag, 07.03.2019
07.30 Uhr Krankengymnastik
08.30 Uhr Bewegungsbad
10.30 Uhr Gruppengym. UE
13.30 Uhr MTT selbstständig

Endlich wieder zu Hause!

Freitag, 08.03.2019

08.30 Uhr	Bewegungsbad
10.30 Uhr	Warmpackung
11.30 Uhr	Gruppengym. UE
13.30 Uhr	MTT selbstständig

Ich versuchte, dass ich noch etwas dazu bekommen könnte, an Maßnahmen. Ich war das nicht gewohnt, dass man nur so wenig zu tun hat in der Reha.
Natürlich, wenn ich jetzt mal abgesehen von den Ältesten aller Ältesten betrachtet sehe, dann wäre das wohl richtig, so in 20 Jahren. Nur das bin ich noch nicht. Die Ältesten waren so um die 80 - 90 Jahre alt.

Wenn dann die ganze Sache von vorne losgeht. Ich darf echt nicht dran denken... dann wäre es richtig für die Behandelnden und mich.

19.03.2019

„DAS KLEINE MÄDCHEN" NOSTALGIE

Irgend jemand hilft mir mal. Ich bin so weit, dass ich nicht weiß, was ich sagen wollte. Da höre ich, wie es läutet um 17.45 Uhr zur Abendmesse. Mein Papa hätte eine Messe... oh mein Gott, meine Ma sagte, er ist schon 45 Jahre tot. Gott hab ihn seelig... Ich bin viel zu müde, in die Abendmesse zu geh'n!

Ich konzentriere mich, nur ich kriege es nicht zusammen, was ich konkret sagen wollte. Ich bin bei der Krankengymnastik gewesen. Dann habe ich mit einer Schulkamerdin geredet und wie gesagt, dann war ich zuhause.
Duschen, Treppenhaus saubergemacht und ab da, weiß ich nichts mehr... Erinnerungen tot.

Jammerschade, doch da war noch das Waten durch das Gras mit nackten Füssen, gefrühstückt... gefrühstückt hab ich auch! Ich meine dann?

Oh ja, mein Freund hat geschrieben:

Liebe Elke, guten Morgen
Herzlichen Dank, für deine netten Nachrichten sowie für deine Postkarte, über die ich mich sehr gefreut habe. Das, was Du mit den Träumen schreibst, gilt auch für mich. In diesem Sinne wünsche ich dir einen guten Start in den Tag.
Viele Grüße sendet M...

Dankeschön, lieber M...
Irgendwann werden wir uns wieder sehen, denke ich, bis dann
Elke

„Darauf, also auf ein Wiedersehen, freue ich mich. Einen schönen Tag wünscht Dir, liebe Elke, M...

Dito, lieber M...
Apropos...
das lese ich im Moment! (Buch ICH.DARF.NICHT.SCHLAFEN.)
Ich wünsche Dir einen absolut, herrlichen Tag..."
Ich gehe, barfuß durch das Gras... brrr, extrem kalt.

Der Duft von Nostalgie!

...und da hör ich einen Rasenmäher!

Zauberhafte Duftsachen... **Ich weiss es partout nicht mehr, was ich heute morgen sagen wollte! Weg, einfach weg!**

Ein kleines, süßes Bild mit einem jungen Mädchen schlafend, seinen Kopf in der rechten Hand, auf dem Köpfchen in den Haaren ein kreisrundes Schleierkraut. So süß!

Der Duft von Nostalgie!
Zauberhafte Duftsachen... Ich weiß es nicht mehr... aber das kleine Mädchen, so nostalgisch sie auch ist, nimm eine gute Nase von ihrem Duft und ich atme ein und schließe die Augen und genieße und bleibe eine Zeit so... schließe die Augen und träume wieder.

Es fällt mir nicht mehr ein!
Leider nein... das Kurzzeitgedächtnis... es meldet sich nicht... und wieder nehme ich mir das kleine, süße Etwas und schnuppere und schließe die Augen und träume ein wenig! Es fällt mir nicht mehr ein... leider nein, es ist weg!

„Barfuss durch das Gras"

Barfuß durch das Gras mit nackten Füssen gelaufen heute morgen. Ich konzentriere mich... Blumenkohl aufgesetzt; ich konzentriere mich...
Mache oben mein Bett (ziehe es frisch auf etc.) ich konzentriere mich...

Ich blicke auf meinem Handy und finde einen schönen Kuchen. Nur leider finde ich ihn dann nicht mehr... Ich konzentriere mich... Duschen 10.00 Uhr. Laufen durchs Feld... schwer... ca. 12.30 Uhr. Essen. Und dann bin ich hundemüde und legte mich hin von 14.00 Uhr - 16.00Uhr. 15.30 Uhr hat der Augenoptiker angerufen und ich war im Halbschlaf. Ohjemine... das war was... ehe ich den Leuten da Mal erklärt hatte, wie die neue Brille sein sollte.

Gespült ... Wäsche aufgehängt ... umgezogen... geschrieben... hingelegt... geschlafen.

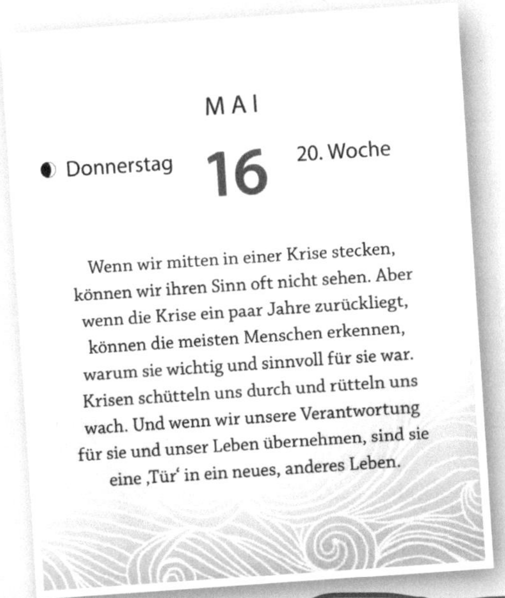
MAI

Donnerstag 16 20. Woche

Wenn wir mitten in einer Krise stecken, können wir ihren Sinn oft nicht sehen. Aber wenn die Krise ein paar Jahre zurückliegt, können die meisten Menschen erkennen, warum sie wichtig und sinnvoll für sie war. Krisen schütteln uns durch und rütteln uns wach. Und wenn wir unsere Verantwortung für sie und unser Leben übernehmen, sind sie eine ‚Tür' in ein neues, anderes Leben.

01.04.2019

TIPPS GEGEN „DOWN"

Heute traf ich bei MOSS einen Schlaganfallpatienten, den ich sofort ansprach.
Er erzählte, er war ganz „down"; er meinte, er war „ganz unten" wenn ihr mich versteht. Aber er erzählte jetzt mit einer Euphorie, das war sagenhaft. Vor 13 Jahren hatte er seinen Schlaganfall... Er sagte, ich müsste unbedingt Reisen... Reisen ist was Außergewöhnliches!

03.04.2019

„ICH VERGASS"

Habe meine Brille oben vergessen heute morgen
Habe meine Stöcke oben vergessen
Habe einen Termin vergessen! Muss ihn verlegen...

Ergotherapie nach den Osterferien
PC Kurs nach den Osterferien
Stretching nach den Osterferien
Schwimmen nach den Osterferien

Jede, kleine Kleinigkeit müsste ich in meinen Terminplaner aufschreiben.
Denn ihr wisst ja was ansonsten passiert! 🤭

Im April 2019

„Physiotherapie“

Ich hatte mein wichtigstes Utensil vergessen, nämlich meine heißgeliebte Trinkflasche, als ich zu meiner Physiotherapie ging. Das war wieder mal typisch für mich. Der Therapeut demonstrierte, dass ich einen Fuß vor dem anderen setzen sollte. Das ist alles! Oh, dann mal Respekt. Ich probiere und probiere. Alles gut und schön, aber wie bitteschön sollte ich es anstellen? Dabei ist es ja super einfach...
Ich machte daraus Kauderwelsch bis es tatsächlich auf einmal ging. Step by step.
Der Therapeut ging mit kleinen Schritten den Gang rauf und runter und ich hinterher bis wir uns ansahen und schallend laut angefangen haben zu lachen.

Ja, so sollte es sein, das richtige LAUFEN. Aber wir, der Therapeut und ich haben uns tatsächlich krank gelacht und die Stunde war mal zu köstlich. Nein, nein, nein, es ist was mit mir?

April 2019

„Im Nachhinein“

Die vielen Funktionen vom Handy können für Aphasiker ziemlich hilfreich sein. Ich lese zum Beispiel, was ich meinem Freund ge-appt habe, da ich es aber bald nicht mehr ganz genau weiß, was ich ge-appt habe, lese ich einfach noch mal nach... das ist alles!

Das Handy ist sozusagen ein Glücksfall... Ich kann einfach meinen Text neu kreieren, das heißt, streichen oder was dazu schreiben etc; sprechen ist auch sehr interessant und hören... sozusagen ein **(...? meine Herren nochmal! Es fällt mir gleich ein: Moment?)**

Wenn meine beiden Engel appen, dann freue ich mich wie ein König.

...Gaumenschmaus ...wäre das richtige Wort gewesen,aber es passt nicht so richtig in den Satzbau

Ende April 2019

„Mein Baum“

Vergesslichkeit - ich darf nicht schlafen -

Der Baum, den ich jeden morgen bewundere, wird endlich grün!
Es wird Frühling. - Schnittlauch in den Topf getan, Wasser dazu geben. Geld weggetan - Buch auf den Schreibtisch gelegt. - Trinkflasche an Ort und Stelle gestellt - Jacke an Ort und Stelle getan, etc.
...denn wenn ich das nicht alles „vernünftig“ weglege oder ich aber ganz genau weiß, wo was ist, dann würde ich am nächsten Tag nichts mehr wissen. Sonst würde ich im Chaos versinken. Ich weiß nicht, dass ich das jemals gemacht habe, am anderen Tag. Im Grunde stehe ich auf, morgens, frühstücke und sehe nach in meinen Planer. So startet mein Tag und nicht anders.

Lesen ist ja immer wunderbar. Wer liest schwebt dahin. Das Schreiben erinnert mich ... „HEY, SEI NICHT ZU HART ZU DIR SELBST" und wie das Lied nun weiter geht? **Eben wusste ich es noch..!** „UND WENN ALLES IN DIR ZERBRICHT!" und wieder stocke ich! „KOMM ICH WEITER ANS ZIEL"! Und wieder denke ich nach, bis ich das Lied auf einmal in meinem Wust an Erinnerungen richtig gesungen habe.

„Ich vermisse ihn schon wieder"

Meine Arme sind hoch in die Luft gestreckt; mein Kopf weit nach oben gereckt, während ich zu mir sage: „der Tag kann kommen oder er wird kommen, an dem ich mit sicherer Zufriedenheit, ein Stückchen weiter bin als jetzt im Moment." Ich wünsche es mir so sehr. Ich hoffe, dass mein gesamtes Training, das ich jede Woche absolviere, weiter läuft - Fortschritte. Das ich „normal" sein darf, wie jeder andere auch. Das ich wieder ganz normal gehen kann, ohne meine Stöcke. Das ich einfach drauf los plappern kann. Dann würde ich vor Freude Luftsprünge machen und lauthals jubeln.

Mai 2019

SCHLAGANFALL MIT EINEM STENT

Am liebsten höre ich Radio. Teilhaben am Geschehen. Das schult mich ungemein. Ich höre gerade, dass Schlaganfall-Patienten, einen neuen Stent eingesetzt bekommen können. Dass man einen neuen Stent einsetzt, damit das Blut durch eine andere Blutbahn läuft.

Und?... was mache ich dann, die allenfalls eine Art Psycho hatte? Die tagelang wenig geschlafen hatte vor dem Schlaganfall!?! (Buch1 habe ich es beschrieben...) – Eingeschlafen - bin ich für 4 Stunden! Meine jüngste Tochter hat praktisch mein Leben gerettet. Dafür danke ich Dir ungemein für alles, meine Liebe. Ich möchte nicht wissen, was passiert wäre, wenn keiner da gewesen wäre? Dankeschön für alles, meine Liebe!

Kleinigkeiten die mich führen und lenken!

....und dabei spüre ich immer und immer wieder die gewissermassen klitzekleinen „KLEINIGKEITEN" die mich führen; die mich lenken; die mich stärken! Sie sind so wichtig in meinem Leben. Diese kleinen Kleinigkeiten, wie der rosablühende Strauch Flieder, den ich täglich sehe, wenn ich vom walken nach Hause komme.

Anfang Mai 2019

„TAKE YOU HOME"

Den Menschen, den Schlaganfallpatienten Mut machen, denen es noch nicht so gut geht wie mir, die am Anfang stehen der „Schlaganfall-Ära" beispielsweise im Rollstuhl sitzen, so wie ich es damals am 5.10.2013 erfahren durfte.

In der 2. Reha meiner rechten Hüft-Op habe ich das Buch 1 ausgeliehen an Patienten. Ihre Gedanken hätte ich gerne gewusst! Unter anderem war da mein Tischnachbar, ein junger Mann, im Rollstuhl sitzend, der aber - soweit gesund - ohne jegliche Hilfsmittel nach Hause entlassen wurde. Das ist doch fantastisch oder? Mut machen in jeder Hinsicht! Das wäre mein nächstes Ziel. Das Leben auf eine ganz „neue" Art, Schrittchen für Schrittchen ein bisschen weiter zu erlernen, zu durchwühlen in dem Kauderwelsch, dass die Therapeuten (Logo/Physiotherapiel/Ergotherapie) ordnen werden und wiederum auch jeder Patient es selber tun kann.

Auch das wäre mein größter Wunsch, allen Aphasikern/innen zu helfen, die noch nicht so weit sind! Denn es ist unfassbar, was ich in der Zeit vom 5.10.2013 bis jetzt, erlernen konnte und darf, wenn man dazu das Glück hatte, wie ich es damals hatte!
Mut geben und Zuversicht schenken. Ich denke, das wird es sein.
Arbeiten mit diesem Ziel, könnte was ganz Besonderes sein für mich.

DIDO „take you home"
La la la la la la la la la la la la la...

Mai 2019

„DANKE" AN VIELE MENSCHEN

Besonders sage ich DANKE:
Ihm, M...
Andrea
meiner Familie

Doch besonders DANKE ich:
meiner Logopädie
meiner Physiotherapie
meiner Ergotherapie

...und vielen anderen Menschen, die ich vergessen habe durch meine Aphasie oder meinem Schlaganfall mit seinen Folgen.

Ich bin angekommen!

Es geht weiter - immer weiter...
Die Sonne strahlt in die Küche und erleuchtet das runde, farbenprächtige Medaillon am Fenster. Es erscheint in kunterbuntem Farbenspiel ganz hell, als ob die Sonne einen Wink gibt: Alles wird gut oder wie „ER" es ganz lieb sagt: Es geht weiter immer weiter auf einer Skala von 1-10. ICH BIN ANGEKOMMEN!
Ich bin da, wo ich hingehöre... fast - hingehöre!

Draußen erwische ich mich und gucke nach unten, auf meinen Schatten, denn in der Sonne kann ich mich spiegeln, mein Ebenbild sozusagen. Kann mich korrigieren. Setzte ein Bein haargenau vor das andere. Es hilft tatsächlich und funktioniert, maybe ein bisschen besser denje...

Es geht immer weiter, weiter, weiter...
„Erinnern" geht auch schon wieder ein bisschen besser... ohne das ich das überhaupt direkt merke...

Es ist ein Wunder! ... so klitzekleine Wunder geschehen.
KLITZEKLEINE, KLITZEKLEINE KLEINIGKEITEN, DIE FÜR MICH SO GROSS WIRKEN!

AUGEN ZU UND TANZEN

„Wunderbare Kleinigkeiten"

Und die Welt steht still im Winterwald.
Und die Welt steht still
Und die Welt erhebt sich NEU für eine wunderschöne Welt voller „KLEINIGKEITEN"

Für MICH ... so klitze, klitze Kleinigkeiten für mich!

Ich möchte was erleben! Ihr wisst was jetzt kommt?
Ich möchte mein Leben zu zweit meistern ohne wenn und aber!
Mit einem lieben Herrn, der mir alles so wunderbar gezeigt hat nach meinem Schlaganfall (ihr wisst wen ich meine...)

Ich wünsche mir ganz besonders, dass ich einen Job annehme bei der Stadt!

Oder „LESEN"... am liebsten lese ich über die Aphasie vor einer größeren Gruppe, so als Coach **(Aphasie: ihr wisst sicher, wie ich es meine?)** Das würde mich sehr interessieren und freuen.
Das sind so Kleinigkeiten auf der Welt, die ich benötige, wie den Sport, der inneren Ruhe wegen.

Mai 2019

„ANDREA"

Als Andrea bei mir zuhause war, sagte ich, ohne das ich überhaupt was gesagt habe **(...Aphasie): „Ich kann jetzt nicht mehr reden! ...da geht nichts mehr"** 🤐

...sagte Andrea einfach: „Okay...dann schweigen wir jetzmal!"

...und dann haben wir uns kaputt gelacht! Zu göttlich wieder und das ist typisch für mich... 🙂

Mai 2019

„ICH"

Lieber M...
Ist alles gut mit Dir?
Lieben Gruß von Elke 😚

Liebe Elke
Viele Grüße sendet M... aus einem anderen Land, in der Annahme, dass auch bei Dir alles in Ordnung ist!
Liebe Grüße sendet M...

15.01.2019

GLÜCK LÄSST SICH NICHT KAUFEN

Hektors Reise oder die Suche nach dem Glück

Der Londoner Psychiater Hector führt ein perfekt arrangiertes Leben: tagsüber kümmert er sich in seiner Praxis um die Belange der Patienten, abends lässt er sich von seiner attraktiven Freundin Clara umsorgen.

Eigentlich könnte es immer so weiter gehen, wäre da nicht eine Unzufriedenheit, die den liebenswürdigen Briten zunehmend umtreibt: Warum gelingt es ihm nicht, wirklich glücklich zu sein? So beschließt Hector eines Tages, seinen Alltag hinter sich zulassen, um bei einer ausgedehnten Weltreise nach dem Glück zu forschen.

Aus Reisebegegnugen mit unterschiedlichen Charakteren wie dem Investmentbanker Edwards, dem Entwicklunghelfer Michael oder dem Drogenbaron Diego trägt er eine Liste mit 15 Lektionen zusammen. Aber erst, als seine frühere Geliebte Agnes ihn mit dem namhaften Glücksforscher Coreman bekannt macht, kommt er auf die richtige Frage.

Denn Glück ist praktisch eine Art Liebe! Man muss sie am richtigen Ort finden.

Liebe ist„da“, wo dein Herz „ja“ sagt, zu allem was da ist.

„WIE DAS LEBEN SO SPIELT"

„WÜNSCHE MÖCHTEN IN ERFÜLLUNG GEHEN"

Liebe Elke,

Seit Januar 2018 arbeiten wir beide nun schon zusammen und ich muss Dir sagen: Diese Zeit war für mich eine ganz besondere!
Regelmäßig zweimal wöchentlich kommst Du bei Wind und Wetter mit dem Bus oder auch zu Fuß in unsere Praxis. Eine Absage von Dir bekomme ich nur, wenn Du in Urlaub auf Föhr bist. Die Therapie ist Dir einfach unheimlich wichtig. Wenn Du die Praxis betrittst hast Du immer ein Lächeln und ein freundliches „Hallo!" auf den Lippen. Alle Kollegen kennen Dich mittlerweile und freuen sich über deine Anwesenheit. Auch die Hunde begrüßen Dich schwanzwedelnd.

Die Therapien mit Dir sind für mich immer wieder aufs Neue spannend und halten viele Überraschungen bereit, da sie nie wie geplant verlaufen und meine Vorbereitungen flexibel deinen Ideen angeglichen werden müssen. Und von denen hast Du wirklich eine ganze Menge...
Also, Langeweile kommt nie auf und ich werde immer wieder aufs Neue von Deiner Zielstrebigkeit und positiven Energie und Willenskraft auf die Probe gestellt und im wahrsten Sinne des Wortes „umgehauen".

Du bist wirklich eine außergewöhnliche Person, die auch mich häufig inspiriert, sowohl im beruflichen, als auch im privaten Sinne. Ich bin sehr dankbar, dass ich Dich in der vergangenen Zeit als Therapeutin ein Stückchen auf deinem Weg begleiten durfte. Und blicke ich nun zurück, waren es, neben tollen Behandlungsstunden, ziemlich aufregende und spannende Monate. So begleitete ich Dich bei zwei Buchvorlesungen, beim Wachsen und Erschaffen deines 2. Buches, bei der Entstehung und Ausarbeitung vieler neuer und toller Ideen und Zielsetzungen; sogar bei Dreharbeiten für einen Beitrag der WDR-Lokalzeit.

Für diese tolle Zeit und die spannenden und intensiven Gespräche möchte ich mich nun als Therapeutin ganz herzlich bei Dir bedanken. Man hat selten so hochmotivierte, willensstarke und positive Persönlichkeiten vor sich, die auch noch nach Jahren so unglaublich gute Fortschritte erreichen und so viele Ziele vor Augen haben.

Liebe Elke, ich danke Dir von ganzem Herzen! Mache weiter so und versuche so viele Menschen wie möglich zu erreichen, denn dein Ziel ist ein ganz großes und sehr wichtiges. Ziehe hinaus in die Welt und versprühe so viel von deiner positiven Energie, wie Du nur kannst! Mache anderen Menschen Mut, denn das kannst Du wirklich überragend gut. Ich bin mir ganz sicher: Das ist deine Bestimmung!

Deine „Logopädin Nummer 2" Sabrina

Anhang

31.10.2018

„FÖHR " - Brief

Lieber M...
Oh... danke schön, lb M... Das ist sehr nett von Dir. Nur ich glaube auch ein bisschen, dass ich es von Dir so übernommen habe oder ich weiß nicht so recht, wie ich das sagen sollte oder man kann sagen, dass ich das erst wieder erlernen muss... maybe... (...Ich meine in den 5 Jahren? ...denn alles war ja „weg" in dem Sinne, musste ich wieder alles erlernen...)

Ich bin einfach so, lb. M... Ich weiß auch nicht, wie ich das sagen soll... Ich bin einfach so... Ich kann es nicht ändern. Da kommen mir glatt die Tränen...

Ich war immer alleine, die ganzen Jahre.

Danke, danke, lieber M... Ja, das hat mich sehr beeindruckt. Das hat mir noch kein Mensch gesagt...

Heute habe ich ein bisschen langsamer getan, denn die rechte Hüfte lässt grüßen. Ich wäre froh, wenn alles schon vorbei wäre (...mit der Hüfte!)... aber ich hasse jetzt auch, davon zu reden. Es ist ja erst nächstes Jahr, wenn alles gemacht wird.

Ich habe Steine/Muscheln gesammelt. Ich liebe sie, die Steine halt... Ich hatte noch nicht einmal Zeit, meine Nase richtig zu putzen, weil gewisse Steine halt wichtiger waren .

Ja, lieber M...,
so bin ich und nicht anders.
...ich möchte alles bis ins letzte Detail für mich erworben haben... bis die letzte Kleinigkeiten dann sitzen. Das ist so...

So bin ich auch heute in den Laden gegangen, den ich schon kannte von damals her... Du kannst dort sehr nett sitzen und Kaffee oder Tee trinken, während du aber auch nachher gut einkaufen kannst in dem Laden ... Sehr gewagt, sehr gewagt...

Letztendlich hat die Bedienung das auch so gewollt. Wer kauft denn auch ein rotes Regal? Aber es ist doch ein bisschen kleiner als es sonst ist, so dass es nachher in meinen kleinen Koffer passt! Es ist einfach sehr, sehr süß... das kleine Regal.

Das bin ich. Und es ist schön so, wie alles ist und es geht auch irgendwie weiter... ich liebe es so sehr...

Aber, ich kann mich auch zurückziehen oder ich suche mich dann selbst! Oder hab' ich mich schon gefunden? Ich weiß es noch nicht so genau. Eins steht wohl fest in meinem kleinen Leben, dass DU, lieber M..., wohl das allerbeste bist auf der Welt, denn wer gibt mir Halt?
Es ist so... fantastisch... wirklich!

Wir müssen uns unbedingt Wiedersehen, gestern, lieber M..., am besten gestern. Wie wäre es mit nächster Woche? Oder danach, die Woche...? Ich könnte was zu Essen zaubern! Du sagst ganz einfach, wann Du kannst...

Wir könnten aber auch mal was gemeinsam Kochen?

Das war's aus meinem, kleinen Leben, M... Eine Kleinigkeit eben nur...
Für mich ist es einfach große Klasse am Meer sein zu dürfen und aus Kleinigkeiten wieder was ganz Großes bei mir in der Wohnung entstehen zu lassen. Ich denke da an ein großes Glas mit lauter großen/kleinen Steinen oder Muscheln, die ich dann bei mir ans Fenster stelle...
(...und hoffentlich hast Du mich jetzt verstanden?...)

Es grüsst Dich sehr bis auf ein Wiedersehen
Deine Elke

ANTWORT

Guten Morgen liebe Elke
Darüber habe ich mich sehr gefreut. Danke sehr. Ich lese, verstehe, dass Du wieder mit Kraft auf Deinem Weg bist. Du hast Freude am Leben, kannst nach vorne schauen. Sei nicht so streng mit Dir, wenn es mal nicht so schnell so gut klappt wie Du denkst, dass es klappen sollte. Du weißt: Zum Schluss wird alles gut. In dem Sinne wünsche ich dir eine gute Zeit.
Viele Grüße sendet M...

Lieber M...
Danke, lieber M... im Grunde ist alles ernst. Auch mit Dir...
Es freut sich auf ein Wiedersehen mit Dir, lieber M...
Elke 😚

Er 🌞

Elke 😚

16.01.2019

„ER" - HANDY

Als ich in FÖHR gewesen bin, hat er sich rührend um mich gekümmert. Er sagt, er habe, als ich die Karte (Seerobben in blau) geschrieben habe, sich sehr gefreut.

Er schreibt:
Liebe Elke
Damit hast Du mir eine Freude gemacht.
Herzlichen Dank... 🌞

Ich schicke im wundervolle Bilder und ich schicke ihm das:

Meeresstrand

Am Haff nun fliegt die Möwe,
Die Dämmerung bricht herein;
Über die feuchten Watten
Spiegelt der Abendschein.

Graues Geflügel huschte
Neben dem Wasser her;
Wie Träume liegen die Inseln
Im Nebel auf dem Meer.

Ich höre des gärenden Schlammes
geheimnisvollen Ton,
Einsames Vogelrufen -
So war es immer schon.

Noch einmal schauer leise
Und schweiged dann der Wind;
Vernehmlich werden dann die Stimmen,
Die über die Tiefe sind.

Theodor Storm, 1817 -1888

Lieber M...
Ich bin sehr müde. Aber eins freut mich besonders, die Reaktion auf meine Karte. Da sitze ich in der Kneipe „SCHAPERS" trinke ein Bier und träume und sehe auf das Meer...
Dankeschön und gute Nacht wünscht ganz lieb Elke 😚

Er schreibt und wieder Mal bin ich geflasht **(Aphasie:...Ich weiß es nicht recht, wie ich es ausdrücken soll)**

Dir, liebe Elke
wünsche ich ebenfalls eine gute Nacht. Süße Träume.
Viele Grüße sendet M...

Guten Morgen, lieber M...
Aktuelle Stunde! Es ist wieder viel passiert in Deutschland.
Eigentlich möchte ich Dir auch noch gerne einen Brief schreiben zur eigenen Sicherheit, wie ich tatsächlich jetzt schreibe, aber auch, weil ich es schön finde, Dir sozusagen was Persönliches von mir zu berichten. Ich stehe auf und lasse den Tag einfach „so" kommen und freue mich schon auf Dich.
Dir wünsche ich noch einen schönen Tag, bis dann von Elke 😚

Guten Morgen, liebe Elke

Lieber M...
Der Brief ist abgeschickt. Allerdings hab ich den Brief nicht fein säuberlich geschrieben. Das konnte ich leider nicht... die Schrift ist äußerst schlecht. Dafür möchte ich mich sehr entschuldigen. Ja, wenn man denn könnte wie man wollte, dann wäre alles ein bisschen anders.

Ich war die letzte Zeit nur am Strand. Wie Du so schön beschrieben hast: Genuss pur....
Hab' ich alles gemacht....

Lieber M...
So, der Koffer ist zu. Ich muss wieder „Schreiben" dass ist das tolle, die Zeit, die ich auch wieder so schnell vergessen werde. Denn das SCHÖNE geht auch ganz schnell wieder verloren. Kurzzeitgedächtnis... dafür möchte ich unbedingt wieder zuhause sein, um zu trainieren. (Ergotherapie/Krankengymnastik/vor allem Logopädie ist ultra wichtig!)

Du, lieber M..., weisst sicher wie ich es meine.
Ich war froh, hier zu sein, doch ich bin auch wiederum ehrlich, zuhause anzukommen.

Du, lieber M...
machst das alles so aus dem EFF EFF? **Aphasie.**
Du hast Erfahrung in den Sachen.
Ich wünsche, dass das auch dementsprechend gut klappt mit Dir... und dann möchtest Du auch immer „gut" dastehen...! Hut ab, vor Deinen Sachen, die Du mega meisterst.
Ich wünsche Dir einen schönen Abend, Elke aus Wyk auf Föhr,
die sich langsam auf den Weg nach Hause freut.

Guten Abend, liebe Elke
Vielen lieben Dank für deine Nachrichten. Ja, die Zeit vergeht wie im Flug. Jetzt steht deine Rückreise an. Möge der Start in deinem zuhause gelingen. Komm gut an.
Viele Grüße sendet M...

Dankeschön, lieber M...
Dir auch noch eine gute Zeit.
Elke

Er

Elke

30.01.2019

„BUDDHA" Zitate

Nicht höher,
Schneller,
Weiter,
Sondern langsamer,
Bewusster,
Menschlicher.

08.02.2019

„ER" - Handy

Liebe Elke, guten Morgen
In der Annahme, dass deine Genesung weiter voran schreitet, sende ich viele Grüße mit dem Hinweis, das ich heute und morgen nach Frankfurt gestartet bin/über das Wochenende dort bleibe/ in Folge dessen ein kurzfristiger Besuch leider nicht möglich ist.

Ich: Schade! Aber Dankeschön für alles 😚
Ich verzeihe ihm...
Traurig...

HANDY

Liebe Elke
Wie nett Du schreibst. Danke dafür. In der Annahme, dass Du auf dem Weg bist, sende ich dir viele Grüße M...

Lieber M...
Ich bin um 16.00 Uhr zuhause. Wir können gerne telefonieren. Ja... ich schreibe immer so. Das ist mein Stil oder meine Eigenart. Das ist ganz lieb von dir zu hören! Ich habe Ergotherapie nachher.
Elke 😚

Wir wollten uns gerne mal treffen, lieber M...
Ich schreibe jetzt, wie Du es tust: um Antwort wird gebeten!
Elke 😚

...bin außer Haus, liebe Elke

Lieber M...
Darf ich Dir mal erzählen was ich dieser Tage so erlebt habe in der Reha in Bernkastel-Kues? Tut mir leid vorhin! Ich habe nichts geschlafen die letzten Tage!
Elke 😚

Liebe Elke
Du darfst mir alles erzählen. Darauf freue ich mich. Gute Nacht, gute Besserung. Herzliche Grüße sendet Dir M... liebe Elke...
und er malt eine Sonne... 🌞

Lieber M...
Einen lieben Gruß in deine Heimat wünscht Dir, lieber M...
Elke 😚

Danke zurück, liebe Elke.
Viele Grüße sendet M...

25.02.2018

BRIEF Tante/Onkel

Liebe Elke,

zunächst die herzlichsten Grüße aus der alten Bergbaustadt Alsdorf.

Wundere dich nicht, dass ich zunächst schriftlich auf dein Geschenk reagiere, hierfür noch einmal herzlichen Dank. Mündlich können wir später darüber reden. Ich habe das Buch 2x gelesen. Ein großes Lob für die Art deiner Schreibweise. Gefühlvoll und ohne Hass und Zorn, das hat mich sehr beeindruckt. Zwischen den Zeilen finde ich die Sehnsucht nach einer glücklichen Zukunft. Diese wünsche ich dir von ganzem Herzen.

Deine Tante ist genau so begeistert von dem Buch wie ich... und so machen wir Dir diesen Vorschlag. Wir laden dich gemeinsam mit ihm zu einem Besuch bei uns ein. Sollte kein Fahrzeug verfügbar sein, so holen wir euch ab und bringen euch auch wieder nach Hause. Ist das ein Vorschlag?

Du kannst selbst entscheiden zu welcher Uhrzeit der Besuch stattfinden soll. Solltest Du ablehnen, so sind wir nicht böse; Du entscheidest, so wie du es dir vorgenommenen hast.

Deine Einstellung zum Leben finde ich großartig, behalte das bei, denn Schreiben befreit die Seele.

Wir wünschen dir Gesundheit, Glück und Zufriedenheit für die Zukunft.

Mit herzlichen Grüßen
Tante und Onkel

Monde und Jahre vergehen
und sind auf immer vergangen,
aber ein schöner Moment leuchtet
das ganze Leben hindurch.

Franz Grillparzer